Mais elogios feitos ao livro

Como as Mulheres Chegam ao Topo

"Um guia que derruba muitos mitos para a próxima geração de mulheres líderes e daqueles que querem vê-las ser bem-sucedidas. Essas ideias transformarão nossos locais de trabalho, nossas carreiras e nossas vidas."
—**Rita McGrath, professora da Faculdade de Administração de Columbia e pensadora de estratégia nº 1 da** *Thinkers50*

"Acelere rapidamente sua carreira com *um* livro poderoso de *dois* dos coaches mais brilhantes do mundo! As famosas estratégias de Marshall para a mudança de comportamento combinadas com a grande experiência de Sally em relação às mulheres mudarão sua vida desde o primeiro capítulo. Comece a ler este livro agora!"
—**Carol Evans, fundadora e presidente emérita da** *Working Mother Media*

"Líderes mulheres serão forças motrizes em organizações do século XXI. De forma prática e persuasiva, Sally e Marshall mapeiam como isso pode e deve acontecer."
—**Stuart Crainer e Des Dearlove, fundadores da** *Thinkers50*, **o maior recurso mundial para identificar, classificar e compartilhar pensamentos extraordinários no ramo de gestão**

"Pegue este livro. Examine cuidadosamente os 12 hábitos. Circule os 3 primeiros que fazem você dizer: 'Esta sou eu!' Leia esses capítulos, comprometa-se a seguir uma das sugestões e siga seu caminho. Os autores sabem do que estão falando!"
—**Beverly Kaye, fundadora da Career Systems International e coautora de** *Love'Em or Lose'Em: Getting Good People to Stay*

"Os hábitos e as crenças em *Como as Mulheres Chegam ao Topo* fornecem uma oportunidade maravilhosa e positiva para as mulheres terem consciência de si mesmas. Sally e Marshall mostram às mulheres como fazer mudanças tangíveis e nítidas que as ajudarão a ser ainda mais bem-sucedidas e se sentirem realizadas no trabalho e em casa."
—**Aicha Evans, vice-presidente sênior e CSO da Intel Corporation, e uma das melhores líderes do futuro nos EUA pela revista** *Fortune*

"Mulheres que procuram chegar ao topo, prestem atenção! Este é o seu guia essencial. Ele também é altamente recomendado para homens que trabalham com, para ou cercado de mulheres."
—**Liz Smith, CEO da Bloomin' Brands, a líder mundial em** *casual dining*

"Uma joia e uma revelação. Se você lidera mulheres, trabalha com mulheres, é uma mulher ou conhece alguma mulher, você deve ler este livro. Sua sabedoria sagaz e sensata aponta o caminho para uma vida com significado e um propósito genuíno."
—**Richard Leider, autor dos best-sellers internacionais** *The Power of Purpose, Repacking Your Bags* **e** *Life Reimagined*

"Quando as mulheres se aproximam do topo das organizações, elas também podem trazer seus próprios pontos fortes, que podem ser injustamente vistos como pontos fracos. A expertise de Sally e a sabedoria de Marshall trazem essas percepções à luz, para que mulheres e homens possam melhorar juntos para alcançar suas metas, para que todos possam seguir em frente. Este é um livro poderoso e que veio na hora certa."
—**Anthony Marx, presidente da Biblioteca Pública de Nova York**

"Esta é uma leitura obrigatória para as mulheres que têm o objetivo de chegar ao próximo nível em suas carreiras."
—**Michelle R. Clayman, fundadora e CIO da New Amsterdam Partners e presidente do conselho do Instituto de Pesquisa de Gênero Michelle R. Clayman na Universidade de Stanford**

"Os melhores líderes entendem que, à sombra de suas forças, espreitam os assassinos de carreira silenciosos. Sally e Marshall oferecem uma lente brilhante para entender e transcender os hábitos que nos prendem. Se você quer liderar no topo, *Como as Mulheres Chegam ao Topo* é para você."
—**Liz Wiseman, autora best-seller de M***ultipliers* **e** *Rookie Smart*s

"Se você está apenas começando em sua carreira ou se já é uma alta executiva, estudos de caso amplos, pesquisa e sabedoria tornam esta leitura interessante e participativa, uma leitura obrigatória!"
—**Sanyin Siang, diretora-executiva do Fuqua/Coach KCenter sobre liderança e ética da Universidade de Duke**

"Sally e Marshall capacitam as líderes para que saiam *de onde estão* e vão para *onde querem estar*, compartilhando um plano para desafiar o *status quo* e lançando uma luz sobre liderar a mudança."
—**Frances Hesselbein, vencedora da Medalha Presidencial da Liberdade, a maior honra nos EUA para um civil**

"Quais foram as 3 principais razões pelas quais adorei o livro de Sally e Marshall, *Como as Mulheres Chegam ao Topo*? 1) É muito útil para as mulheres, para aqueles que têm colegas do sexo feminino ou subordinadas, e a saudável minoria de homens que gostam de ser mais discretos do que aparecer. 2) O livro está cheio de coisas que você pode usar. Foi de ajuda para mim e para os meus clientes de nível C, e também ajudará você. 3) As páginas se viram sozinhas. Como cientista e coach, vejo a sofisticação psicológica e empresarial por trás dos 12 hábitos. Comece a praticar hoje."
—**Carol Kauffman, instrutora da Escola de Medicina de Harvard e fundadora/diretora-executiva no Instituto de Coaching de Harvard**

"É fácil se encontrar nas páginas de *Como as Mulheres Chegam ao Topo*. Sally e Marshall nos ensinam como abandonar o piloto automático, abandonar nossos hábitos que inibem o sucesso e orientar-nos ativamente ao ponto de chegada da carreira que desejamos."
—**Whitney Johnson, autora de *Disrupt Yourself***

"Interessante, prático e altamente envolvente. Mulheres que buscam uma carreira em direito podem se beneficiar muito com a leitura de *Como as Mulheres Chegam ao Topo*."
—**Jami Wintz McKeon, presidente da Morgan, Lewis & Bockius LLP**

"As observações de Sally e Marshall são brilhantes, feitas com base tanto em experiência pessoal quanto em estudos profundos. Os comportamentos que eles recomendam são pragmáticos e alcançáveis; é um livro que melhorará a eficácia das mulheres e, por fim, aumentará seu poder."
—**Anna Fels, médica, autora de *Necessary Dreams: Ambition in Women's Changing Lives***

"Histórias extraordinárias da vida real de mulheres que esperam ser convidadas para entrar no jogo, ficam presas em sua zona de conforto, buscam a perfeição e presumem que seu trabalho árduo será reconhecido. Sally e Marshall nos mostram como se soltar e se destacar, para que as mulheres possam avançar em carreiras com mais propósito, poderosas e produtivas. Esta é uma leitura obrigatória com grandes conselhos a serem colocados em prática!"
—**Janice Reals Ellig, CEO da Chadick Elligand uma das headhunters mais influentes do mundo de acordo com a revista *Business Week***

"Muitos dos comportamentos mais apreciados socialmente pelas mulheres são exatamente os comportamentos que as atrapalham profissionalmente. Mas Sally e Marshall estão aqui para ajudar: identificando como e quando conciliar demandas e fatores motivadores que competem entre si, sem perder sua identidade, profissionalismo ou poder."
—**Margaret Heffernan, empreendedora, CEO e autora de *Willful Blindness***

"Sally e Marshall escreveram um guia de carreira prático e divertido destinado a ajudar as mulheres a ascender a cargos de liderança nos negócios, governo e organizações sem fins lucrativos."
—**Geoff Smart, presidente e fundador do GH SMART e autor dos best-sellers *Who* e *Power Score***

"*Como as Mulheres Chegam ao Topo* é definitivamente o livro certo na hora certa feito pelos autores certos. As experiências e perspectivas de Sally e Marshall no desenvolvimento da liderança, no sucesso da carreira e na satisfação profissional e pessoal já são espetaculares por si só. Mas, juntas, elas se complementam de forma magnífica, criando um guia inspirador e prático que mudará as carreiras e vidas das mulheres líderes em todos os lugares."
—**James M. Citrin, Líder CEO do Spencer Stuart e membro da diretoria mundial da empresa**

"Eu estou distribuindo amplamente *Como as Mulheres Chegam ao Topo* para nossos líderes na Best Buy, para ajudar nossas líderes a alcançar suas metas de carreira e orientar suas colegas, e ajudar homens a trabalhar melhor e apoiar o desenvolvimento de suas colegas."
—**Hubert Joly, Presidente e CEO da Best Buy**

Sally Helgesen
ESPECIALISTA EM LIDERANÇA FEMININA

Marshall Goldsmith
AUTOR DO BEST-SELLER

REINVENTANDO O SEU PRÓPRIO SUCESSO

COMO AS MULHERES CHEGAM AO TOPO

ELIMINE OS 12 HÁBITOS QUE IMPEDEM VOCÊ DE ALCANÇAR SEU PRÓXIMO AUMENTO, PROMOÇÃO OU EMPREGO

ALTA BOOKS
EDITORA
Rio de Janeiro, 2019

Como as Mulheres Chegam ao Topo
Copyright © 2019 da Starlin Alta Editora e Consultoria Eireli. ISBN: 978-85-508-1118-5

Translated from original How Women Rise. Copyright © 2018 by Sally Helgesen and Marshall Goldsmith. ISBN 9780316440127 This translation is published and sold by permission of Hachette Book Group, the owner of all rights to publish and sell the same PORTUGUESE language edition published by Starlin Alta Editora e Consultoria Eireli, Copyright © 2019 by Starlin Alta Editora e Consultoria Eireli.

Todos os direitos estão reservados e protegidos por Lei. Nenhuma parte deste livro, sem autorização prévia por escrito da editora, poderá ser reproduzida ou transmitida. A violação dos Direitos Autorais é crime estabelecido na Lei nº 9.610/98 e com punição de acordo com o artigo 184 do Código Penal.

A editora não se responsabiliza pelo conteúdo da obra, formulada exclusivamente pelo(s) autor(es).

Marcas Registradas: Todos os termos mencionados e reconhecidos como Marca Registrada e/ou Comercial são de responsabilidade de seus proprietários. A editora informa não estar associada a nenhum produto e/ou fornecedor apresentado no livro.

Impresso no Brasil — 1ª Edição, 2019 — Edição revisada conforme o Acordo Ortográfico da Língua Portuguesa de 2009.

Publique seu livro com a Alta Books. Para mais informações envie um e-mail para autoria@altabooks.com.br

Obra disponível para venda corporativa e/ou personalizada. Para mais informações, fale com projetos@altabooks.com.br

Produção Editorial Editora Alta Books	**Produtor Editorial** Juliana de Oliveira	**Marketing Editorial** marketing@altabooks.com.br	**Vendas Atacado e Varejo** Daniele Fonseca Viviane Paiva	**Ouvidoria** ouvidoria@altabooks.com.br
Gerência Editorial Anderson Vieira		**Editor de Aquisição** José Rugeri j.rugeri@altabooks.com.br	comercial@altabooks.com.br	
Equipe Editorial	Adriano Barros Bianca Teodoro Ian Verçosa Illysabelle Trajano	Kelry Oliveira Keyciane Botelho Larissa Lima Leandro Lacerda	Livia Carvalho Maria de Lourdes Borges Paulo Gomes Thales Silva	Thauan Gomes Thiê Alves
Tradução Stephanie Zerede Lopes	**Copidesque** Andressa Andrade Korb	**Revisão Gramatical** Caroline Suiter Hellen Suzuki	**Diagramação** Joyce Matos	

Erratas e arquivos de apoio: No site da editora relatamos, com a devida correção, qualquer erro encontrado em nossos livros, bem como disponibilizamos arquivos de apoio se aplicáveis à obra em questão.
Acesse o site www.altabooks.com.br e procure pelo título do livro desejado para ter acesso às erratas, aos arquivos de apoio e/ou a outros conteúdos aplicáveis à obra.

Suporte Técnico: A obra é comercializada na forma em que está, sem direito a suporte técnico ou orientação pessoal/exclusiva ao leitor.

A editora não se responsabiliza pela manutenção, atualização e idioma dos sites referidos pelos autores nesta obra.

Dados Internacionais de Catalogação na Publicação (CIP) de acordo com ISBD

H474c   Helgesen, Sally
         Como as Mulheres Chegam ao Topo: elimine os 12 hábitos que impedem você de alcançar seu próximo aumento, promoção ou emprego / Sally Helgesen, Marshall Goldsmith ; traduzido por Stephanie Zerede. - Rio de Janeiro : Alta Books, 2019.
         256 p. ; 16cm x 23cm.

         Tradução de: How Women Rise
         Inclui índice.
         ISBN: 978-85-508-1118-5

         1. Autoajuda. 2. Carreira. 3. Mulheres. 4. Negócios. I. Goldsmith, Marshall. II. Zerede, Stephanie. III. Título.

2019-1326
CDD 158.7
CDU 159.945

Elaborado por Odílio Hilario Moreira Junior - CRB-8/9949

Rua Viúva Cláudio, 291 — Bairro Industrial do Jacaré
CEP: 20.970-031 — Rio de Janeiro (RJ)
Tels.: (21) 3278-8069 / 3278-8419
www.altabooks.com.br — altabooks@altabooks.com.br
www.facebook.com/altabooks — www.instagram.com/altabooks

ASSOCIADO

Sumário

Agradecimentos · xi

Nota dos Autores · xiii

Sobre os Autores · xv

Prefácio · xvii

PARTE I
Sobre Estar Estagnada

1. Nossa História · 3
2. Onde Você Está · 13
3. Quando as Mulheres Resistem à Mudança · 31

PARTE II
Os Hábitos que Impedem as Mulheres de Alcançarem Seus Objetivos

4. Os Doze Hábitos · 49
5. Hábito 1: Relutar em Reivindicar Suas Conquistas · 65
6. Hábito 2: Esperar que os Outros Notem e Recompensem Espontaneamente Suas Contribuições · 77

7.	Hábito 3: Supervalorizar a Expertise	87
8.	Hábito 4: Construir em Vez de Usufruir de Relacionamentos	97
9.	Hábito 5: Não Recrutar Aliados desde o Primeiro Dia	107
10.	Hábito 6: Colocar Seu Emprego à Frente de Sua Carreira	119
11.	Hábito 7: A Armadilha da Perfeição	129
12.	Hábito 8: A Doença de Querer Agradar	137
13.	Hábito 9: Minimizar	149
14.	Hábito 10: Demais	159
15.	Hábito 11: Ruminar	171
16.	Hábito 12: Permitir que Seu Radar Distraia Você	179

PARTE III
Mudar para Melhor

17.	Comece com uma Única Coisa	191
18.	Não Se Isole	199
19.	Pare de Julgar	215
20.	Lembre-se do que Trouxe Você até Aqui	229
	Índice	233

*Dedicamos este livro a Frances Hesselbein
Amiga, mentora, heroína*

Agradecimentos

Sally e Marshall reconhecem com gratidão:
Um ao outro — amigos e colegas há 25 anos
Mike Dulworth — que deu a ideia para que escrevêssemos este livro
Jim Levine — que topou ser o agente literário em 30 segundos
Mauro DiPreta — que viu as possibilidades
Michelle Howry — nossa maravilhosa editora
A incrível equipe de marketing e vendas da Hachette
Elizabeth Bailey — a peer coach de Sally
Alan Mulally — o modelo de Marshall

Nota dos Autores

As histórias neste livro são verídicas, mas os nomes e alguns detalhes foram mudados.

Sobre os Autores

Sally Helgesen é reconhecida como uma das maiores especialistas do mundo em liderança feminina há quase 30 anos. Como autora, palestrante e consultora, sua missão sempre foi ajudar as mulheres a reconhecer, articular e agir de acordo com seus maiores pontos fortes.

Seu best-seller *The Female Advantage: Women's Ways of Leadership*, ["A Vantagem Feminina: A maneira da liderança feminina", em tradução livre] foi saudado como "um trabalho clássico" sobre os estilos de liderança das mulheres e tem sido impresso sem interrupção há 28 anos. Foi o primeiro livro a se concentrar no que as mulheres têm a contribuir para suas organizações, em vez de em como elas precisam mudar e se adaptar. *The Web of Inclusion: A New Architecture for Building Great Organizations* ["A Rede Inclusiva: Uma nova forma de construir grandes organizações", em tradução livre] foi citado no *Wall Street Journal* como um dos melhores livros sobre liderança de todos os tempos. Mais recentemente, *The Female Vision: Women's Real Power at Work* ["Visão Feminina: A força real das mulheres no trabalho", em tradução livre] explorou como os insights estratégicos das mulheres podem fortalecer suas carreiras e beneficiar suas organizações.

Sally desenvolve e ministra programas de liderança para empresas, firmas de parcerias, universidades e associações em todo o mundo. Foi consultora das Nações Unidas na construção de escritórios de países mais inclusivos na África e na Ásia, conduziu seminários na Harvard Graduate School of Education e na Smith College, e é editora colaboradora da revista *Strategy + Business*. Ela mora em Chatham, Nova York.

Marshall Goldsmith é a autoridade mundial em ajudar líderes bem-sucedidos a alcançar mudanças positivas e duradouras de comportamento. Ele é o único a ser reconhecido duas vezes como o pensador de liderança mais influente do mundo pela *Thinkers50*. Marshall tem sido frequentemente listado como o melhor coach executivo do mundo. Em 2017, foi reconhecido em Harvard como o vencedor inaugural do Prêmio de Liderança no Campo de Coaching pelo Instituto de Coaching de Harvard.

Marshall é o autor do best-seller do *New York Times O Efeito Gatilho* e de *Reinventando o Seu Próprio Sucesso: Como pessoas de sucesso tornam-se mais bem-sucedidas*, ambos reconhecidos pela Amazon.com como 2 dos 100 melhores livros já escritos sobre liderança e sucesso. Seus muitos livros já venderam mais de 2 milhões de cópias e foram traduzidos para 32 idiomas.

Ele é um dos poucos executivos que já foram solicitados para assessorar mais de 150 grandes CEOs e suas equipes de gerenciamento. Marshall mora em Rancho Santa Fe, no estado da Califórnia, e na cidade de Nova York.

Prefácio:
A fórmula certa para turbinar uma carreira

É impressionante como talvez esta seja a única oportunidade na vida de vermos tantas mudanças ao mesmo tempo. A frase "o mundo mudou" deu lugar à frase "o mundo não para de mudar". Para alguns, entusiasmo e fascínio; para outros, desespero e angústia. O fato é que bilhões de pessoas que viveram antes de nós viveram sem nunca prever uma mudança significativa em suas vidas, e outras tiveram apenas uma vez a chance de assistir a uma mudança radical no mundo. É aí que nasce a grande questão: em um mundo de mudança constante, existe algo que pode ser construído para ser perene? Ainda vale a pena entender e preservar a essência das coisas? Para responder essas perguntas, podemos analisar que a abordagem "gerencial" de ontem se torna *menos* relevante a cada dia. O grande pensador de liderança Peter Drucker dizia que o líder e, por consequência, os trabalhadores do futuro seriam mais valorizados pelos seus comportamentos do que pelos seus conhecimentos. Parece que esse futuro já chegou!

Nos meus 19 anos de jornada no mundo do coaching, defrontei-me com várias obras de grande relevância sobre desenvolvimento de carreiras e sobre como lidar com os desafios profissionais em um mundo em constante mudança. Contudo, poucas competem com *Como as Mulheres Chegam ao Topo* em sua proposta de identificar os hábitos e comportamentos que não apenas as mulheres, mas todos os que querem se desenvolver na carreira, precisam ter.

Os três grupos que estudei sobre carreira durante os últimos dez anos são abordados neste único livro, que são:

- Grupo 1 — Aqueles que desejam crescer na carreira.
- Grupo 2 — Profissionais que cresceram na carreira, mas sentem que estão estagnados.
- Grupo 3 — Os que perderam e desejam recuperar o prestígio que tinham na carreira no passado.

Mais do que contar "segredos" que não são segredos, esta obra tem o intuito de ajudar o leitor a aplicar princípios fundamentais que todo profissional de sucesso precisa ter. Eu vejo os 12 pontos apontados neste livro pela brilhante Sally Helgesen e pelo renomado pensador de liderança Marshall Goldsmith como verdadeiros atalhos para levar qualquer carreira ao topo, como a obra se propõe a fazer.

Para entendermos o que isso significa, o livro reúne 75 anos de conhecimento no campo de batalha, ou seja, no mundo empresarial. De fato, os anos que esses dois profissionais estudam o tema, somados, equivalem à incrível quantidade de 75 anos. O próprio Marshall Goldsmith descreveu que aceitar o convite de fazer essa obra teve como pano de fundo o seu best-seller *Reinventando o Seu Próprio Sucesso: Como pessoas de sucesso tornam-se mais bem-sucedidas*. Então, os leitores estão sendo presenteados com o melhor momento de Marshall sobre como chegar ao topo... como se fosse uma atualização da importante obra dele que se tornou best-seller no *New York Times*.

Sally Helgesen é de longe a mais competente líder feminina da atualidade. Com leveza e clareza, ela sempre encanta com colocações provocativas, que fazem a leitura parecer um gostoso bate-papo de café da manhã com uma velha amiga.

Prefácio: A fórmula certa para turbinar uma carreira

Eu não vejo um momento melhor para que esta obra seja apresentada aos brasileiros, pois o cenário profissional é caótico, e muitos profissionais que descrevi como Grupo 1 estão sem identidade. Querem crescer rapidamente em suas carreiras, só que, por outro lado, sentem que falta um alicerce para que isso aconteça. Enquanto isso, a competitividade tem deixado frustrados os profissionais do Grupo 2, que acreditavam que tinham um futuro promissor. A cada ano, novos profissionais chegam ao mercado e acabam assumindo cargos que os profissionais do Grupo 2 sempre desejaram e para os quais estão prontos, mas parece que só eles percebem isso, e não seus superiores. Os do Grupo 3 também sentem a pressão dos que chegam ao mercado de trabalho e dos que estão estagnados. E eles fazem de tudo para quebrar a estagnação, mas a sensação de *começar de novo* traz o desânimo e o pensamento de uma missão quase impossível.

A crise de identidade, a frustração e o desânimo têm feito com que excelentes profissionais sejam mal aproveitados, e, quando a crise perdura, eles sabem que são as vítimas perfeitas do desemprego e da perda de contratos. Agora, o que faz com que alguns profissionais na mesma situação avancem, enquanto outros ficam para trás? O que faz com que carreiras sejam destruídas na crise, enquanto outras crescem apesar dela?

Neste livro estão não apenas as respostas a essas perguntas, mas também os passos necessários para turbinar uma carreira. Além do mais, cada página nos faz viajar nas situações cotidianas do mundo corporativo, ambiente em que muitos comportamentos que considerávamos vantajosos, na verdade, são os que estão nos colocando em rota de colisão com o fracasso.

Os conceitos, técnicas, comportamentos, habilidades, estratégias de carreira e insights que você vai ler neste livro estão longe de ser baseados em assuntos da moda, ou que você vai usar somente até chegar a próxima demanda do mercado. Definitivamente não...

Este livro foi feito para tornar carreiras perenes, e os autores já trabalharam com milhares de profissionais de toda pirâmide organizacional, na sua maioria CEOs, que apontam o que desejam na hora de fechar negócios, contratar serviços ou promover alguém para determinado cargo. E eu aprendi, ao longo de quase quatro décadas atuando no mundo corporativo, que os ensinamentos duradouros, que ultrapassam o limite do tempo, são obrigatórios para quem tem a ambição de estar qualificado entre os melhores profissionais da sua área. Esse é o caso específico desta obra. Evidentemente, os comportamentos e práticas contidos em *Como as Mulheres Chegam ao Topo* foram elaborados para você pois, se tirou tempo para ler esse prefácio até aqui, fica provado que, quando a pessoa deseja aprender, o mestre aparece. Leia, caro leitor, cada página deste livro. Faça dele seu mestre, e de quebra você vai perceber que, conforme for aplicando cada ensinamento que aprender aqui, não apenas a sua carreira, mas também sua vida pessoal e seus relacionamentos chegarão ao TOPO.

Um grande abraço e boa leitura!

Viver é belo!

Márcio Silva

Coach executivo, Business Partner South America da Marshall Goldsmith Stakeholder Centered Coaching, palestrante e, acima de tudo, um aprendiz

PARTE I

Sobre Estar Estagnada

CAPÍTULO 1

Nossa História

Em 2015, um amigo e colega em comum, Mike Dulworth, enviou um e-mail para nós — Sally e Marshall — com o seguinte assunto: "Ideia Maluca!" Que ideia? Que colaborássemos no livro que agora você tem em suas mãos.

Imediatamente, nós dois sabíamos que essa era uma ótima ideia. Para conseguirmos explicar o porquê, precisamos lhe dar um pouco do contexto.

Em 2007, Marshall publicou seu best-séller internacional, *Reinventando o Seu Próprio Sucesso: Como pessoas de sucesso tornam-se mais bem-sucedidas*. Havia um adesivo dourado na capa que dizia: *Conheça os 20 hábitos no local de trabalho que você precisa eliminar*. O principal endosso veio de Alan Mulally, então CEO da Ford Motor Company, CEO do Ano nos Estados Unidos e um dos clientes mais ilustres de Marshall: "O processo de melhoria comprovado de Marshall É FORA DE SÉRIE!"

No livro citado, Marshall identifica 20 comportamentos que muitas vezes atrapalham profissionais em sua busca pelo sucesso. Vez após vez, ele nota que esses hábitos impedem que pessoas talentosas alcancem todo o seu potencial, diminuindo sua capacidade de inspirar e liderar outros e, às vezes, até mesmo tirando suas carreiras dos trilhos. Os exemplos e as histórias foram extraídos da base global de clientes com quem Marshall trabalhou em suas muitas décadas como um dos coaches executivos mais bem-sucedidos do mundo.

Uma das grandes sacadas do livro está logo no título: os mesmos comportamentos que ajudam as pessoas a serem bem-sucedidas muitas vezes as prejudicam quando elas procuram crescer ainda mais. Uma vez que esses comportamentos funcionaram no passado, as pessoas relutam em se desapegarem deles. Na verdade, muitas acreditam que são bem-sucedidas *por causa* desses hábitos ruins.

Qualquer ser humano, na verdade qualquer animal, terá a tendência de replicar um comportamento que é seguido de um reforço positivo. Quanto mais bem-sucedidos nós nos tornamos, mais reforço positivo nós recebemos. Podemos cair facilmente na "armadilha da superstição", que é: "Eu me comporto assim, sou bem-sucedido; portanto, devo ser bem-sucedido porque me comporto assim."

Errado!

Todos somos bem-sucedidos *por causa* das coisas certas que fazemos *apesar de* estarmos fazendo algumas coisas improdutivas.

Marshall escreveu o livro para um público amplo — não apenas para líderes no topo da pirâmide, mas também para os que estão nos outros degraus da escada de sua organização. *Reinventando o Seu Próprio Sucesso* é basicamente para qualquer um cujo comportamento atrapalha a jornada para onde ele ou ela quer ir.

Desde sua publicação, Marshall viaja pelo mundo compartilhando e desenvolvendo as ideias que ele apresentou no livro. Mas ao fazê-lo, e especialmente ao ministrar uma série de workshops para mulheres com base no seu best-seller de 2015, *O Efeito Gatilho,* ele percebeu que alguns dos comportamentos mais agressivos e egocêntricos que ele identifica como problemáticos em *Reinventando o Seu Próprio Sucesso* são menos propensos a serem obstáculos para mulheres bem-sucedidas do que para homens.

Por exemplo, em vez de reivindicar o crédito que elas não merecem, as mulheres muitas vezes relutam em reivindicar o crédito pelas suas próprias conquistas. Em vez de sempre precisarem estar certas, as mulheres são mais propensas a serem prejudicadas pelo desejo de agradar ou pela necessidade de serem perfeitas. Em vez de se recusarem a expressar arrependimento, as mulheres geralmente não conseguem parar de se desculpar, mesmo por coisas que não sejam culpa delas.

Todos têm comportamentos limitantes, pela simples razão de que todos somos seres humanos. Mas, embora homens e mulheres às vezes compartilhem os mesmos hábitos improdutivos, essa não é a regra. As mulheres muitas vezes enfrentam desafios muito diferentes à medida que buscam crescer em suas carreiras e trabalham em um campo de atuação maior, por isso faz sentido que as mulheres adaptem seus comportamentos de maneiras diferentes. E as mulheres muitas vezes são recompensadas de maneiras diferentes, conforme mostraremos no próximo capítulo. Essas diferenças moldam suas expectativas de quais comportamentos serão mais eficazes.

Dado que a base de clientes de Marshall é tipicamente 80% masculina, não é de admirar que os hábitos em *Reinventando o Seu Próprio Sucesso* sejam aqueles que mais frequentemente impedem o progresso de homens de alto desempenho. Marshall não viu esses comportamentos como especificamente masculinos quando escreveu o livro, mas como formas comuns de autossabotagem que poderiam ser corrigidas usando as ideias e práticas que ele desenvolveu como coach. No entanto, quanto mais ele trabalhava com mulheres, mais ele via que elas poderiam se beneficiar de uma abordagem semelhante que falasse sobre comportamentos diferentes.

É então que Sally entra em cena.

Sally vem trabalhando, escrevendo e pesquisando mulheres que atuam como líderes desde a publicação de *The Female Advantage: Women's ways of leadership* ["A Vantagem Feminina: A maneira da liderança feminina", em tradução livre], em 1990. Visto ter sido o primeiro livro a focar o que as mulheres tinham a contribuir para as organizações em vez de como precisavam mudar e se adaptar, empresas começaram a pedir que ela desenvolvesse e ministrasse programas de liderança para mulheres quase desde o início.

Como resultado, Sally passou quase três décadas ajudando mulheres incríveis ao redor do mundo a aumentar suas habilidades de liderança e prestando consultoria para equipes executivas que buscavam reter mulheres talentosas. Ela já trabalhou com algumas das líderes mais bem-sucedidas do mundo. Isso deu a ela tanto uma visão mais aproximada dos desafios que as mulheres enfrentam, bem como muitas oportunidades para observar o que as atrapalha.

Nós nos conhecíamos muito bem por causa da Learning Network, um pequeno grupo de grandes profissionais de liderança que Marshall criou em 1996. Mas nenhum dos dois tinha pensado em trabalhar juntos em um livro sobre os comportamentos que atrapalham as mulheres até aquele e-mail com o título "Ideia Maluca!" chegar.

Por causa das nossas experiências complementares e amizade de longa data, nos sentimos confiantes de que, juntos, poderíamos fornecer orientação específica, útil e direcionada a mulheres que buscassem avançar para o próximo estágio de suas carreiras e aumentar sua capacidade de ter um impacto positivo — em suas organizações, suas comunidades e no mundo. Sally viu esse projeto como uma oportunidade de ajudar as mulheres a lidar com obstáculos que as atrapalham há décadas. E Marshall viu um universo totalmente novo de hábitos que as ideias e as práticas de coaching que ele vinha aprimorando há 30 anos poderiam ajudar a resolver.

Cada um de nós também teve momentos eureca que confirmaram nossa crença de que as mulheres poderiam se beneficiar de um livro sobre comportamentos que as atrapalham à medida que buscam crescer. Essas experiências pessoais fizeram com que ficássemos empolgados com a necessidade deste livro e nos convenceram de seu valor em potencial.

O momento eureca de Marshall veio enquanto fazia coaching com a lendária Frances Hesselbein, que coincidentemente tinha sido extensivamente analisada no best-seller de Sally, *The Female Advantage*. Frances será bastante mencionada neste livro.

Durante seu longo mandato como CEO da Girl Scouts dos EUA, Frances ganhou atenção internacional quando Peter Drucker, fundador da administração moderna, escreveu que ela era possivelmente a melhor líder que ele já tinha conhecido e sugeriu que ela fosse cogitada para liderar a General Motors. Após se aposentar da Girl Scouts, Frances assumiu a presidência da Fundação Peter F. Drucker para Administração Sem Fins Lucrativos, mais tarde conhecida como o Leader to Leader Institute.

Frances ganhou respeito e reconhecimento de líderes corporativos, militares e de organizações sem fins lucrativos em todo o mundo ao longo de sua carreira extraordinariamente longa, e recebeu inúmeras honrarias. Ela tem 23 doutorados honorários, foi capa da *Business Week* e recebeu a Medalha Presidencial da Liberdade, a maior honraria concedida aos civis norte-americanos. Marshall teve a honra de acompanhá-la na Casa Branca quando ela aceitou esse merecido reconhecimento do presidente Bill Clinton.

Marshall a conheceu quando ela ainda trabalhava com a Girl Scouts. Ele fazia trabalho voluntário para a Cruz Vermelha, cujo CEO na época era membro do conselho da organização que Frances representava e era um amigo em comum. Quando Marshall descreveu para ela o processo de feedback 360 que ele desenvolvera para ajudar seus clientes a se tornarem melhores líderes, Frances decidiu que poderia se beneficiar de um processo de coaching e Marshall doou seu tempo a ela. Como parte do processo, ele entrevistou os membros do conselho, subordinados e outros stakeholders, e redigiu um relatório completo.

Como era de se esperar, o feedback de Frances foi incrivelmente positivo. No entanto, quando ela o viu, sua resposta imediata foi: "Eu tenho tantas coisas que preciso melhorar!" Ela então começou a listar cerca de 27 coisas que gostaria de melhorar imediatamente. Por um lado, Marshall ficou impressionado com sua dedicação, mas ficou surpreso que uma pessoa de tamanha importância fosse tão autocrítica.

Ele sabia que a maioria dos homens de alto desempenho com quem ele trabalhava teria visto o tipo de feedback que Frances recebeu como prova de seu brilhantismo como líder, bem como a confirmação de que eles tinham pouca — ou talvez nenhuma — necessidade de mudar. Infelizmente, ele conhecia muitos homens que respondiam a resultados negativos de um feedback 360 dizendo: "Se eu sou tão terrível, por que sou o cara mais bem-sucedido aqui?" Ou: "Eu ganhei 5 milhões de dólares no ano passado, e você está me dizendo que eu preciso mudar?"

Em contrapartida, Marshall percebeu que seu principal desafio ao fazer coaching com Frances seria convencê-la a não ser tão autocrítica. Nos anos seguintes, ele percebeu que o mesmo ocorria com outras líderes fantásticas. Não importa o quanto tenham sido eficazes ou quanto reconhecimento tenham recebido, muitas vezes as mulheres tendem a se concentrar no que elas acreditam ser fracassos pessoais. Como resultado, ao fazer coaching com mulheres, Marshall geralmente começa com um pedido básico: *por favor, não seja tão dura consigo mesma.*

Então, o momento eureca de Marshall foi descobrir que a tendência de mulheres bem-sucedidas de criticarem a si mesmas, em vez de os outros, as expõe a diferentes hábitos comportamentais quando comparadas com homens, que são mais propensos a aceitar reconhecimento e se esquivar da culpa.

O momento eureca de Sally foi mais pessoal e doloroso, pois trouxe à tona um comportamento que a ajudou no início de sua carreira, mas que agora estava atrapalhando seu progresso. Por acaso, isso aconteceu quando ela e Marshall estavam ministrando um seminário de meio dia para engenheiras em Rhode Island, EUA.

Normalmente, antes de grandes eventos, Sally passava bastante tempo ensaiando sua apresentação e memorizando os pontos principais do seu discurso para que pudesse falar com tranquilidade e evitar erros. Então, ela chegou cedo em Providence, a capital do estado de Rhode Island, no dia anterior ao evento e ficou em seu quarto de hotel para se preparar. Marshall chegaria depois. Por isso, eles concordaram em se encontrar na manhã do evento, quando o cliente os buscaria no saguão do hotel.

Quando o cliente chegou, Marshall (usando uma bermuda jeans) imediatamente anunciou que tinha esquecido sua calça e pediu para parar em um shopping a caminho do local para que pudesse comprar uma. O cliente concordou, e enquanto andavam de um lado para o outro Sally ficou espantada de ver como Marshall parecia estar levando o incidente com tranquilidade. Para ela, aparecer para um compromisso e esquecer-se de suas calças teria sido literalmente um pesadelo, já que muitas vezes ela tinha pesadelos sobre estar no palco seminua. Mas Marshall tinha a opinião de que, como ele viaja muito, coisas assim acontecem.

No local, onde 300 mulheres estavam esperando, o único banheiro masculino exibia um cartaz de "Senhoras" e localizava-se na parte da frente da sala, onde todos podiam ver. Marshall entrou, mas, quando saiu, bateu a cabeça no gancho para segurar bolsas (ele não estava acostumado a ver isso no banheiro) e caiu no chão. Quando ele se levantou, rindo, Sally novamente não conseguia parar de pensar em como ela teria ficado apavorada se tivesse feito tal entrada.

Ao longo do dia, Sally continuou com sua apresentação muito bem preparada, enquanto Marshall adotava uma abordagem mais tranquila. Uma vez que estava superpreparada, ela sentia a obrigação de cobrir todos os seus pontos e compartilhar tudo o que sabia, enquanto ele envolvia os participantes com exercícios espontâneos.

Uma hora antes do fim do evento, o pager de Marshall apitou. Ele confundira a hora do voo e agora, de repente, tinha que ir para o aeroporto. Ele pediu desculpas, mas disse que sabia que Sally faria um ótimo trabalho para encerrar a programação. Mais uma vez, o primeiro pensamento de Sally foi como ela teria ficado horrorizada se tivesse errado o horário do seu voo. Enquanto Sally se preparava para continuar, os participantes se levantaram para aplaudir Marshall em pé. Um pouco da alegria se foi quando ele saiu.

Refletindo mais tarde sobre a experiência, Sally percebeu que sua preparação exaustiva e a necessidade de falar sobre cada um dos pontos que tinha preparado não necessariamente foram de ajuda para ela. Ser diligente e estar disposta a trabalhar duro a ajudaram no começo de sua carreira como palestrante, mas contrastar seu senso de responsabilidade com a abordagem espontânea e bondosa de Marshall deixou claro que seu público se divertiria mais, e provavelmente aprenderia mais, se ela fosse menos motivada pelo desejo de ser perfeita.

Definitivamente, Marshall não tinha sido perfeito. Mesmo assim, o público tinha amado sua apresentação, talvez porque seu comportamento meio desastrado claramente era autêntico, e isso lhes dava permissão para serem elas mesmas. Ele não só transmitiu a mensagem sobre a necessidade de não se apegar a erros, mas ele *demonstrou* isso em seu comportamento, mostrando como um humano altamente engajado e imperfeito poderia causar impacto mesmo quando as circunstâncias (as calças esquecidas, a queda no banheiro, o voo mal programado) pareciam trabalhar contra ele. Em contraste, Sally parecia demonstrar como pegar pesado consigo mesma.

Talvez você também já tenha tido momentos eureca assim quando percebeu repentinamente que os comportamentos que a ajudaram a chegar aonde está agora podem impedi-la de avançar para o próximo estágio. Talvez, como Sally, você gaste muita energia tentando ser perfeita, tentando agradar ou supervalorizando a expertise em detrimento de uma comunicação descontraída. Talvez você tenha dificuldade porque fala muito, ou fica nervosa, ou permite que detalhes tirem o seu foco. Talvez você espere ser notada e recompensada espontaneamente por seu trabalho árduo, em vez de interceder por si mesma. Talvez você coloque o seu emprego à frente de sua carreira em um esforço para demonstrar lealdade ou não recruta aliados que possam falar sobre suas conquistas a outros.

Se algum desses comportamentos estiver atrapalhando você ou se perceber que eles podem atrapalhar você à medida que avança em sua carreira, continue lendo. Este livro é para você.

CAPÍTULO 2

Onde Você Está

Onde você está hoje com relação ao seu trabalho e à sua carreira? Você está em um lugar satisfatório e que estimula os seus talentos? Você é valorizada não apenas por suas contribuições, mas também por seu potencial? E você acha que seu trabalho está caminhando em direção a um lugar que satisfará suas ambições e ajudará você a fazer a diferença que deseja fazer no mundo?

Afinal, você pode definir o que sucesso significa para você. Você pode definir o que significa chegar ao topo. Talvez para você seja ter uma posição mais alta ou mais lucrativa. Talvez seja encontrar um campo de trabalho mais amplo ou obter mais reconhecimento pelo seu trabalho. Talvez você queira opinar mais sobre o rumo que sua organização tomará no futuro. Talvez você queira criar um novo negócio ou produto. Talvez você queira estimular um espírito de alegria entre seus colaboradores e clientes. Ou você está empolgada com o desejo de ajudar outras mulheres a progredirem.

A questão é que sua definição de progredir sempre será pessoal e individual. Mas um dos maiores impedimentos para o progresso também é pessoal e individual — estar cega para os comportamentos e hábitos que fazem você ficar estagnada.

Como observado no capítulo anterior, esses comportamentos podem ter funcionado no início de sua carreira, e é por isso que você pode ficar tentada a se apegar a eles. Mas, à medida que você progride e assume mais responsabilidades, o que a trouxe até aqui — onde quer que esteja agora — pode começar a trabalhar contra você. Isso vale tanto para os homens quanto para as mulheres, mas, em nossa experiência, os comportamentos que prejudicam as mulheres são muitas vezes diferentes dos comportamentos que prejudicam os homens.

Nosso foco nos comportamentos não significa que procuramos culpar as mulheres que não progrediram tão rapidamente quanto gostariam ou que não entendemos o papel que as barreiras externas exercem para manter as mulheres estagnadas. Grupos impenetráveis do "Clube do Bolinha", chefes machistas, homens que parecem ser incapazes de ouvir mulheres ou que reivindicam crédito pelas ideias delas em reuniões, planos de carreira que presumem que famílias não existem, critérios nas avaliações de desempenho sutilmente criados para favorecer os homens, preconceitos inconscientes no processo de contratação e promoção são obstáculos reais e, infelizmente, continuam a desempenhar um papel negativo no progresso das mulheres.

Embora as mulheres tenham feito progressos extraordinários e rápidos em quase todos os setores nos últimos 30 anos, as estruturas e expectativas do local de trabalho, criadas tendo os homens em mente, continuam a frustrar os talentos e ambições de muitas delas. Então, repetimos: não estamos tentando encobrir ou negar os obstáculos que sabemos serem reais. No entanto nosso foco principal *neste* livro não é identificar barreiras externas ou fornecer mapas para lidar com elas. Mas sim, ajudá-la a reconhecer os comportamentos que atrapalham você à medida que busca se tornar mais bem-sucedida do seu ponto de vista.

Afinal, seus comportamentos estão sob seu controle, ao passo que forças externas, como o preconceito inconsciente, não. Se o executivo para o qual o seu chefe presta contas só se sente confortável conversando com homens em um campo de golfe, tentar mudar isso será um exercício de frustração. Se sua empresa usa critérios de desempenho que sutilmente penalizam as mulheres, você pode ser uma voz para trazer isso à tona e trabalhar com o RH para explorar alternativas. Mas é difícil persuadir sua empresa a abandonar imediatamente a forma como avalia desempenho.

No entanto desenraizar um hábito, comportamento ou atitude improdutiva que você adquiriu ao longo de sua vida profissional é a única coisa que está dentro do seu controle e que pode aumentar consideravelmente suas chances de sucesso. No mínimo, fazer esse esforço deve melhorar o seu dia a dia no trabalho e prepará-la melhor para alcançar seus objetivos no futuro.

Então, pense neste livro como um meio para tirar obstáculos autoimpostos do seu caminho para que você possa se tornar mais bem-sucedida e ter mais satisfação em seu trabalho. Nosso objetivo é ajudá-la a fazer a maior diferença positiva que *você* deseja fazer no caminho que escolher ao longo da vida.

COMO VOCÊ DEFINE SUCESSO

Antes de começarmos, precisamos esclarecer o que queremos dizer quando falamos em sucesso, uma palavra que usaremos bastante neste livro. Em nossa experiência, as mulheres muitas vezes definem o sucesso um pouco diferente do que os homens. Isso significa que elas também definem o sucesso de forma diferente do que as organizações normalmente esperam que as pessoas (principalmente os homens) o façam.

Em vez de ver o dinheiro e a posição como os únicos ou mesmo os principais indicadores de sucesso, as mulheres também tendem a valorizar a qualidade de vida no trabalho e o impacto de suas contribuições. Desfrutar de um bom relacionamento com colegas de trabalho e clientes, ter certo controle sobre seu tempo e acreditar que seu trabalho faz uma diferença positiva no mundo são os principais motivadores para muitas mulheres bem-sucedidas.

Isso de modo algum significa que as mulheres não se importam com recompensas financeiras ou posição. Se as mulheres acreditarem que são mal remuneradas ou sentirem que sua posição na organização não reflete o nível de sua contribuição, elas ficarão ofendidas. E isso certamente afetará seu comprometimento e sua percepção de sucesso. Afinal, dinheiro e posição ainda são os meios pelos quais as empresas recompensam as pessoas e reconhecem seu valor. E a maioria de nós trabalha porque precisa ou quer dinheiro.

No entanto uma razão pela qual as organizações têm dificuldade para reter as mulheres de alto desempenho é que elas trabalham com o pressuposto de que salários altos e cargos importantes sempre serão bons motivadores, *mesmo que a qualidade de vida no trabalho seja frequentemente baixa*. Esse pressuposto, especialmente quando se trata de mulheres, é muitas vezes equivocado. Na verdade, as mulheres são mais propensas a largar empregos que oferecem salários altos e uma posição importante, mas que têm uma baixa qualidade de vida. Elas costumam dizer que tais empregos "não valem a pena".

Estas não são generalizações sem fundamento. Estamos baseando nossas observações em décadas de experiência, bem como em dados concretos.

Por exemplo, Sally e sua colega Julie Johnson juntaram-se à Harris Interactive, uma empresa de pesquisa, para conduzir um estudo de semelhanças e diferenças em como homens e mulheres percebem, definem e buscam a satisfação no trabalho. Os resultados foram publicados em seu livro *The Female Vision: Women's Real Power at Work* ["Visão Feminina: A força real das mulheres no trabalho", em tradução livre].

A pesquisa, que foi feita com 818 profissionais, homens e mulheres, que ocupavam cargos de gerência em empresas com mais de 50 funcionários, constatou muitas semelhanças entre os gêneros. Por exemplo, homens e mulheres relataram ter obtido grande satisfação por liderar equipes, publicar resultados que excediam as expectativas e ser reconhecidos por suas contribuições.

Mas a pesquisa também constatou que os homens tendem a dar mais valor a conseguir uma posição importante e ganhar um salário alto, enquanto as mulheres valorizavam mais a experiência no trabalho. Ganhar um excelente salário ou alcançar uma posição de destaque não parecia tão satisfatório para as mulheres *se elas também não pudessem curtir o dia a dia*. Não todo dia, claro. Mas o suficiente para fazer o trabalho valer a pena.

Os homens não apenas tinham tendência a ver a posição e o salário como mais importantes, mas também eram mais propensos a julgar a si mesmos (e aos outros) com base nesses parâmetros. Sally e Marshall já viram como esse método de comparação pode levar homens bem-sucedidos a não investir em relacionamentos-chave, como família, amigos e comunidade, mesmo tendo ficado evidente que esses relacionamentos são componentes essenciais para a felicidade e satisfação humana.

A pesquisa de Sally e Julie também observou que os homens davam mais valor do que as mulheres a ganhar, encarando isso como uma fonte significativa de satisfação e um importante indicador de sucesso. Eles gostavam de superar os competidores, "aumentar a pontuação", e frequentemente atribuíam um valor numérico ou uma classificação a suas contribuições e conquistas. As mulheres, por outro lado, sentiam menos satisfação em competição e em marcar pontos, e muitas vezes se esforçaram para descrever a vitória como o resultado de um esforço colaborativo. Enquanto os homens eram mais propensos a se descreverem como "jogando para ganhar", as mulheres eram mais propensas a concordar com a afirmação "eu vou prestar atenção às pontas soltas que outros deixaram para garantir que o projeto seja bem-sucedido".

As décadas de experiência de Marshall trabalhando com líderes bem-sucedidos confirmam essas descobertas. Quando foi entrevistado pela *Harvard Business Review*, perguntaram a ele: "Qual é o maior desafio dos vários líderes bem-sucedidos que você conheceu?" Sua resposta:

"Ganhar demais!" Conforme comentado por Alan Mulally, um dos heróis de Marshall: "Para o grande vencedor individualista, o foco sou eu. Para o grande líder, o foco são eles."

A transição de vencedor individualista para líder pode ser especialmente difícil para homens altamente competitivos, que podem ter dificuldade em reconhecer que, como líderes, o trabalho deles é fazer com que todos sejam vencedores. As mulheres são menos propensas a ter dificuldade com essa transição. Embora muitas das mulheres com quem Marshall e Sally trabalharam gostassem de ganhar, elas tendiam a se interessar menos em vencer sozinhas e mais em ajudar suas organizações ou equipes a vencer.

Essa relutância em ver dinheiro, posição e vitória como determinantes de sucesso é psicologicamente saudável para as mulheres e ótimo para suas equipes e organizações. Mas pode ter um lado sombrio, fazendo com que as mulheres invistam pouco em seu próprio sucesso, enquanto dedicam tempo ao desenvolvimento de outros. Esse instinto de abnegação também está por detrás de diversos comportamentos que atrapalham as mulheres.

Como você verá, a grande sacada para potencializar seus talentos e aumentar as oportunidades não é se tornar uma pessoa menos bondosa e generosa, mas, sim, ter um propósito e uma intenção com as suas escolhas e, ao mesmo tempo, lidar com os comportamentos que a atrapalham.

O PROBLEMA COM ESTAR ESTAGNADA

Como você sabe se está estagnada?

A estagnação geralmente se manifesta de diferentes maneiras que, no entanto, estão interconectadas.

- Você sente que algo está impedindo-a de progredir ou de viver a vida que deveria estar vivendo.
- Você se sente incapaz de interferir nas circunstâncias que conspiram para impedi-la de progredir.
- Você sente que suas contribuições não são reconhecidas ou apreciadas.
- Você sente que as pessoas ao seu redor não têm ideia do que você é capaz de alcançar.

Estar estagnada talvez pareça ter relação com as circunstâncias, as consequências de sua situação ou as falhas de alguém que tenha poder ou influência sobre você. E essa percepção pode ter um fundo de verdade. Mas também é importante pensar nas maneiras pelas quais você pode estar se colocando nessa situação. Afinal, sua reação influencia suas circunstâncias. E seus comportamentos moldam como os outros reagem a você. É por isso que é tão importante identificar esses comportamentos.

Analise os seguintes casos.

Caso 1: Não ser reconhecida por seus pontos fortes

Ellen é engenheira de software de uma empresa em expansão no Vale do Silício e se envolve bastante com o desenvolvimento de mulheres. Ela é uma engenheira talentosa, mas também é mais extrovertida, empática e tem mais habilidades sociais do que muitos de seus colegas engenheiros. Como resultado, ela conseguiu criar conexões amplas durante os três anos em que trabalha na empresa.

Ela descreve a si mesma como o "apoio", a espinha dorsal em torno da qual os relacionamentos são criados. Colegas de trabalho frequentemente enviam e-mails para ela com perguntas ou pedidos de ajuda. Ela os conecta com outros funcionários ou recursos que podem ser úteis. Isso a ajuda a ser eficaz em seu trabalho e melhora o fluxo de trabalho em toda a sua unidade. Seu chefe sempre comenta como as coisas parecem estar indo bem.

Uma vez que Ellen se orgulha de sua habilidade de estar conectada e vê isso como um aspecto essencial do valor que ela agrega, ficou perplexa quando, durante o retiro anual de avaliação de desempenho de sua unidade, seu chefe comentou que "ela precisava se tornar mais conhecida na organização, ter mais presença e promover mais ativamente o que a divisão estava fazendo"; fora isso o relatório era excelente.

"Eu não conseguia acreditar", diz ela. "Exatamente o que eu sempre pensei ser o meu ponto forte, ele disse que é no que estou falhando! E ainda foi o ponto principal da minha avaliação."

Ver seus esforços e habilidades não ser reconhecidos fez Ellen se sentir invisível e desvalorizada, presa em uma função ingrata trabalhando para um chefe mal-agradecido. "Isso realmente me magoou", diz ela. "Como ele poderia não reconhecer a minha contribuição?"

Alguns meses depois da avaliação de desempenho, Ellen entendeu o que tinha acontecido quando ouviu um coach de carreira falando sobre a necessidade de ativamente chamar atenção para o valor que você agrega.

"Eu vi que existia uma razão muito simples para ele ter negligenciado meu papel como alguém que fazia conexões: *eu nunca tinha dito a ele o que estava fazendo*. Eu nunca tinha mencionado todas as pessoas com as quais me conectava durante o dia, a semana ou o mês. Eu só esperava que de alguma forma ele soubesse. Mas ele não monitorava o meu e-mail, ele não ficava na porta do meu escritório observando quem entrava e saía, então ele não tinha como saber com quantas pessoas eu tinha estado em contato. Na verdade, eu trazia muita atenção para o que nossa divisão estava fazendo, mas tinha negligenciado completamente informá-lo do que eu estava fazendo."

Ellen percebeu que tinha um problema com o Hábito 1, Relutar em Reivindicar Suas Conquistas, e o Hábito 2, Esperar que os Outros Notem e Recompensem Espontaneamente Suas Contribuições.

Caso 2: Evitar chamar atenção antes de recrutar aliados

Recentemente, Carrie recebeu uma grande promoção em sua empresa de serviços financeiros: liderar a importante unidade de avaliação de risco. Uma vez que sua experiência era em *investment banking*, ela não tinha muita familiaridade com os regulamentos extensos que essa nova área tinha e sentiu muita pressão para se atualizar. A pressão foi intensificada pelo fato de que seu antecessor, um ex-astro da firma, tinha tomado decisões imprudentes que resultaram em sanções do governo, e como resultado ele foi demitido publicamente.

Ansiosa para ajudar a restaurar o bom nome de sua empresa e recompensar a fé da equipe executiva em suas habilidades, Carrie decidiu passar os seus primeiros três meses aprendendo tudo o que podia sobre gestão de risco e estudando os requisitos regulatórios. Ela sentiu que precisava se tornar uma expert no assunto para não cometer erros. Depois que fizesse isso, ela poderia aparecer e começar a construir os relacionamentos que a ajudariam a reconstruir sua unidade despedaçada.

Mas desde quase o primeiro dia ela se viu inundada por pedidos de ajuda e de informações que ainda não estava pronta para responder. As pessoas em sua unidade queriam ter uma ideia clara do que ela esperava delas, e a equipe executiva queria ser mantida informada. Carrie sabia que existiam pessoas na empresa que poderiam ajudá-la, mas ela não queria pedir ajuda até sentir que poderia falar com credibilidade sobre a área de risco. Afinal, *ela* tinha sido colocada no comando, o que significava que ela deveria ter uma ideia clara do que estava fazendo.

Mas as tentativas de Carrie de se isolar para entender melhor a área rapidamente lhe renderam a reputação de ser inacessível e indiferente. Seus subordinados reclamavam que ela não lhes dava orientação, enquanto vários membros da equipe executiva temiam que ela estivesse escondendo informações, assim como o seu predecessor.

Finalmente, o CEO, que ela conhecia há 20 anos, ligou para o seu escritório e perguntou o que raios estava acontecendo. Ele disse que a colocou naquele cargo porque as pessoas confiavam nela, mas de alguma forma ela estava conseguindo jogar fora essa confiança.

Carrie teve que reconhecer que havia sido vítima do Hábito 3, Supervalorizar a Expertise, bem como do Hábito 5, Não Recrutar Aliados desde o Primeiro Dia.

Caso 3: Comprometer-se demais com um esforço para agradar

Miranda é associada sênior em um próspero escritório internacional de advocacia que cresceu rapidamente por meio de uma série de fusões. Regularmente, ela recebe os principais casos do advogado-chefe que lidera o departamento de direito comercial, especialidade dela, e que vê o seu potencial de construir uma carreira sólida na empresa. Mas ela sabe que, para chegar ao topo, precisa estar ativa em alguns comitês essenciais e conhecer parceiros nos escritórios amplamente dispersos da empresa.

Então, ela entrou de cabeça no projeto, voluntariando-se para posições de liderança tanto na rede de liderança feminina quanto na rede da empresa de nativos da língua chinesa. Ela também se inscreveu no comitê que planeja a reunião de parceiros globais da empresa — embora rapidamente se tornasse evidente que se atolar nos detalhes de design de convite, mesmo que seja algo de que ela goste e que faz bem feito, não é uma maneira eficiente de conhecer os líderes da empresa.

Equilibrar esses compromissos com um aumento súbito no número de casos comerciais que iriam a julgamento foi um desafio, mas Miranda se orgulhava de ser viciada em trabalho. Então, quando um associado sênior em seu escritório recomendou que ela coliderasse uma nova iniciativa para examinar as práticas de recrutamento na empresa, ela agarrou a oportunidade. O trabalho exigia viajar para vários escritórios e entrevistar equipes de recrutamento, o que ela achava que lhe daria a chance de ter mais visibilidade.

Mas suas primeiras viagens deixaram claro que ela estaria principalmente se reunindo com os funcionários para discutir detalhes administrativos, em vez de discutir a contratação de parceiros como ela imaginava. Foi um trabalho interessante, mas Miranda rapidamente percebeu que ela estava chegando ao seu limite. À medida que seus casos no tribunal aumentavam, ela relutantemente decidiu deixar a iniciativa de recrutamento, mas ficou preocupada que o colega que a recomendou ficasse decepcionado.

Ela se aproximou dele com receio e ficou surpresa quando ele rapidamente concordou que o projeto exigia muito trabalho e dava pouco retorno.

Se esse era o caso, pensou ela, por que ele a recomendou?

"Ah", respondeu ele de modo indiferente. "Eu estava muito ocupado para fazer isso. E parecia que você era alguém que diria sim."

Miranda percebeu que tinha sido atropelada pelo Hábito 8, A Doença de Querer Agradar.

HÁBITOS

Ellen, Carrie e Miranda são talentosas, trabalhadoras, inteligentes e ambiciosas. Elas escolheram carreiras e empresas nas quais podem crescer. Elas organizaram suas vidas pessoais de forma que lhes permitiu avançar em suas carreiras. Cada uma delas está, como diz Sheryl Sandberg, "fazendo acontecer".

Mas elas também deixaram que hábitos desenvolvidos em estágios iniciais de suas carreiras ficassem no caminho do seu progresso.

Por exemplo, o primeiro emprego de Ellen como engenheira foi em uma startup liderada por um famoso lobo solitário que se autopromovia, na qual era bom para ela não ficar falando de suas conquistas ou sobre o que estava fazendo. No entanto ela agora trabalhava em uma empresa muito grande em que cada divisão precisa competir por atenção. Nessas circunstâncias, seu hábito de "não desperdiçar" o tempo do seu chefe falando sobre suas realizações acaba se tornando contraproducente para ela.

Da mesma forma, a abordagem de trabalhar intensamente de Carrie era ótima quando ela trabalhava com *investment banking*, e foi a principal razão pela qual ela avançou mais rápido do que seus colegas estagiários. Mas seu novo cargo exigia habilidades de liderança mais do que trabalho árduo ou expertise, ou seja, ela não poderia adiar desenvolver relacionamentos ou negligenciar aqueles que buscavam orientação por meio dela. Ela fora escolhida para sua nova posição por causa de sua reputação de integridade, não porque era expert na área de risco. Por não engajar as pessoas que tinham conhecimento especializado em sua unidade, ela dava a entender que tinha problemas para confiar em outros. Isso fez com que os outros se perguntassem o que ela estava escondendo.

Por fim, a ânsia de querer agradar de Miranda era interpretada como lealdade e devoção durante seus primeiros anos na empresa. Assim, a lição que ela aprendeu de sua rápida ascensão para associada sênior foi que dizer "sim" era o caminho para ser recompensada. Isso fez com que ela ignorasse até que ponto seus compromissos precisavam ser estratégicos. Ao se voluntariar prontamente para uma atividade que na verdade não estava alinhada com os seus interesses, ela permitiu que um colega, que estava atento à sua própria estratégia, tirasse vantagem dela.

Cada uma dessas mulheres, com a melhor das intenções, encontrou um caminho para a autossabotagem. Cada uma desempenhou um papel involuntário em sua própria estagnação. Cada uma delas é um ótimo exemplo de como mulheres extremamente dedicadas podem se beneficiar ao aprender que *O que Trouxe Você até Aqui Não Vai Levar Você até Lá.*

PILOTO AUTOMÁTICO

Além de a estagnação parecer estar relacionada às circunstâncias, ela também pode parecer estar profundamente enraizada. Quando você se acostuma com certos comportamentos, você pode começar a achar que eles são intrínsecos à sua personalidade, que são parte de *quem você é*.

Então, se você não aproveita uma oportunidade porque não gosta de falar diante de grandes multidões, você pode racionalizar que você *sempre* foi assim, mesmo na escola, quando era a última a levantar a mão. Se você não se sente à vontade para falar sobre suas conquistas durante uma análise de desempenho, talvez você se lembre de que sua mãe sempre disse que apenas pessoas egoístas falam de si mesmas.

É por isso que lidar com a mudança de uma perspectiva puramente psicológica pode ser assustador. Você tem que trabalhar mediante todas as camadas e experiências que criaram os hábitos que levam às suas reações. Esse é um exercício demorado que pode paralisar você e, muitas vezes, requer orientação profissional.

Mas abordar a mudança comportamental por substituir antigos hábitos por novos hábitos é empoderador. Isso é algo que você pode fazer sozinha, sem a ajuda de um terapeuta ou um coach. Afinal, você provavelmente já precisou lidar com hábitos ruins no passado. Talvez você fumasse na adolescência. Talvez costumasse comer muita pipoca sempre que assistia à TV. Talvez não tivesse o hábito de escutar quando as pessoas estavam falando com você e deixava sua mente vaguear. Talvez você sempre estivesse 5 (ou 10 ou 15) minutos atrasada.

Ao passo que você descobria se era capaz de mudar esses hábitos, descobria também que, na verdade, eles *não* faziam parte da sua personalidade. Nem eram reflexos da "verdadeira você". Eles eram simplesmente maneiras de existir no mundo ao qual você estava acostumada, comportamentos que se tornaram sua configuração-padrão.

A maioria dos hábitos começa por um motivo. Talvez você estivesse procurando uma maneira de lidar com o estresse. Talvez a pressão dos colegas estivesse envolvida. Talvez você quisesse ignorar situações que pareciam esmagadoras.

O problema no caso dos hábitos é que eles tendem a continuar com você, mesmo que as condições que os iniciaram não existam mais. É por isso que gastar muito tempo tentando descobrir *por que* você faz alguma coisa geralmente não é a abordagem mais proveitosa. Você os pratica porque os repetiu ao longo do tempo. Eles se tornaram suas respostas automáticas, inconscientes e rotineiras.

Em outras palavras, seus hábitos não são você.

Eles são você no piloto automático.

Quando você está no piloto automático, não está realmente pensando sobre *esta* situação, *este* momento, *este* desafio ou a resposta específica necessária. Você está apenas reagindo de uma forma que se tornou confortável para você ao longo do tempo. Seu cérebro economiza muita energia dessa maneira. Você gasta menos calorias mentais. Mas você não está realmente presente para o que você está fazendo. É por isso que não está pensando se seu comportamento está sendo útil para você *agora*.

Ellen nem se lembrou de falar para o seu chefe os detalhes sobre como ela estava se conectando com as pessoas da empresa, porque tinha adquirido o hábito de não falar sobre si mesma. Não chamar atenção tinha se tornado sua resposta-padrão.

Carrie não questionou seus esforços para se posicionar como uma expert em sua nova posição, porque estudar muito e dominar o assunto era como ela sempre tinha lidado com novos desafios. Ela se sentia desconfortável quando não sabia as respostas.

Miranda nunca parou para pensar se dizer "sim" a um colega que deu uma sugestão a ajudaria ir aonde ela queria ir, porque estava muito acostumada a dizer sim. A palavra parecia sair da sua boca antes que ela tivesse a chance de considerar os prós e contras da sugestão.

Cada uma dessas mulheres estava usando um modelo antigo em circunstâncias novas e conseguindo ficar estagnadas no processo.

DESESTAGNAR

Para se desestagnar, abandonar um comportamento que não lhe é mais útil, você precisa, antes de tudo, reconhecê-lo como um hábito. Você precisa trazê-lo para o consciente, para que possa começar a experimentar novas formas de reagir e ver se consegue resultados diferentes.

Isso pode parecer estranho e até perigoso. Pode fazer você se sentir vulnerável, tola e exposta. Mas já vimos isso funcionar — centenas, até milhares de vezes, ao longo de muitas décadas. Quando funciona, esse processo libera energia e confiança. E essa energia torna mais fácil continuar se esforçando.

Ellen

Uma vez que Ellen superou a sua mágoa e percebeu que seu chefe não a via como uma conectora porque *ela* tinha falhado em informá-lo disso, ela foi capaz de entrar no modo de ação. Ela decidiu enviar um e-mail para ele com uma breve nota toda sexta-feira de manhã durante três meses, listando todas as pessoas com quem tinha conversado e fazendo comentários de como ela havia sido capaz de ajudá-las. Ela não disse a ele o que faria, nem perguntou se deveria fazer isso. Ela simplesmente fez.

Ela diz: "Eu me sentia bem ridícula no começo. Eu fiquei pensando: 'Ele está ocupado, por que eu deveria continuar incomodando-o para falar sobre mim?' Sentia-me egoísta, tomando muito da atenção dele para continuamente explicar como estava conectada. Quando eu não obtinha resposta, o que geralmente acontecia, eu me perguntava se ele estava me enviando uma mensagem de que isso não era útil. Mas de vez em quando ele me mandava um e-mail dizendo '*bom trabalho!*', e isso fez com que eu continuasse."

No final dos três meses, Ellen e seu chefe tiveram sua reunião trimestral. Quando ela entrou em seu escritório, ele veio em sua direção para cumprimentá-la em vez de permanecer em sua mesa, como era seu costume. "A primeira coisa que ele disse foi como estava feliz por eu estar falando para ele com quem mantinha contato. Ele disse que isso era importante; eram informações que ele precisava saber. Ele me disse que minhas conexões estavam fortalecendo a nossa equipe — o que significava que eu estava *o* fortalecendo. Eu nunca tinha pensado nisso dessa maneira, mas percebi que era verdade."

Carrie

O grande chacoalhão de Carrie aconteceu quando seu CEO a confrontou sobre como ela estava perdendo a confiança das pessoas. "Senti vontade de me demitir naquele momento ou de me esconder em um buraco. Acabou comigo pensar que eu tinha decepcionado ele e a diretoria!" Em vez disso, ela encontrou forças para sugerir que ela lhe dissesse como planejava mudar — e que faria isso até à tarde do dia seguinte.

"Eu não tinha ideia de que ia dizer isso, mas sabia que era a resposta certa. Ele é um cara que resolve tudo e não fica concentrado por muito tempo, então explicar *por que* eu tinha errado não era relevante. Ele iria querer ação, o que significava transmitir ideias claras e fortes imediatamente, em vez de um plano bem elaborado no final do mês."

Ela começou a escrever tudo que tinha dado errado, sem julgamentos, apenas deixando as palavras fluir. Ao passo que lia suas anotações naquela noite, alguns temas surgiram. Ela viu como estava assustada de não saber as respostas a perguntas que, na verdade, ela não tinha como saber mesmo. E ela viu como esse medo a fez se esconder das pessoas que poderiam ajudá-la, em vez de recrutá-las como aliadas com um objetivo em comum.

A ideia que ela enviou para o seu CEO consistia em uma lista de nomes específicos: pessoas em sua unidade com experiência em vários aspectos da área de risco cujas visões e opiniões ela planejava solicitar, às vezes isoladamente, às vezes em um grupo de trabalho. "Eu fiquei desconfortável e parecia tarde demais, mas percebi que não tinha nada a perder. Se eu falhasse, eu ficaria de cabeça erguida, perguntando à minha equipe o que eles achavam, construindo relacionamentos, porque era para isso que eu tinha sido contratada." Deu certo!

Miranda

Miranda ficou tão chocada quando o seu colega de trabalho simplesmente admitiu que ele a voluntariou para uma tarefa ruim porque ela "parecia ser o tipo de pessoa que diria 'sim'" que ela até pensou em tirar satisfação com ele ou até mesmo falar com o seu chefe. Mas então percebeu que ele estava apenas articulando algo que era realmente verdade. Ela *era* o tipo de pessoa de quem você podia esperar um sim, mesmo quando isso fosse contra seus próprios interesses. "Fui eu que me coloquei nessa posição, porque eu sempre quero agradar os outros. O que significa que sou eu que tenho o poder de mudar isso."

Embora se sentisse desconfortável, ela imediatamente informou ao chefe do comitê de contratação que seu número de casos impossibilitava que ela continuasse com seu papel de voluntária. Então ela fez algo inteligente: decidiu praticar um novo comportamento. Ela pediu a uma boa amiga, que trabalhava em uma parte diferente do escritório, para passar cinco minutos por dia pedindo que ela fizesse coisas para as quais ela diria não. "Eu nem sabia que gosto tinha a palavra *não*", explica ela. "Eu associava isso a ser alguém que não cooperava e era egocêntrica. Então tive que me acostumar com a ideia de que eu poderia ser uma boa pessoa, ser clara e dizer 'não' quando precisasse."

Essas sessões acabaram sendo tão úteis e tão divertidas que Miranda e sua amiga decidiram torná-las um hábito regular, agendando um tempo para trabalhar em novos comportamentos e depois se responsabilizando mutuamente pelas mudanças.

Ellen, Carrie e Miranda descobriram que mudar comportamentos específicos poderia levar a resultados diferentes: resultados que aumentariam a probabilidade de elas chegarem aonde queriam ir. Por reconhecer o papel que estavam desempenhando em suas próprias circunstâncias e identificar os comportamentos específicos que as prejudicavam, elas foram capazes de fazer mudanças e se desestagnar.

CAPÍTULO 3

Quando as Mulheres Resistem à Mudança

Se você percebe que precisa mudar para poder progredir, por que mudar é tão difícil? Porque a resistência é uma força poderosa. Se você já teve dificuldade para manter-se de dieta, incorporar mais exercícios à sua rotina diária, tornar-se uma ouvinte mais paciente e engajada, ou apenas viver o momento, em vez de deixar sua mente vaguear, sabe como é lutar contra o demônio da resistência.

E não se deixe enganar, a resistência *é* um demônio. Ela impede que você tenha a vida que deseja e imagina — no trabalho, com sua família, com seus amigos e em relação à sua saúde. É por isso que aprender a reconhecer e superar sua própria resistência é uma das melhores coisas que você pode fazer por você mesma.

Dois fatores estão em jogo quando você resiste a fazer mudanças que você sabe que podem fazer uma diferença positiva em sua vida.

Primeiro, há o simples fato fisiológico de que todo o seu sistema neural foi projetado para favorecer o caminho de menor resistência; o caminho que você criou com seus pensamentos e ações anteriores. Quando você repete comportamentos, estabelece caminhos neurais, como se você fosse criando rotas no seu cérebro. Isso praticamente garante que você pense ou aja de maneira semelhante na próxima vez.

Esses caminhos estabelecidos são a razão pela qual mudar comportamentos conhecidos é uma experiência desconfortável. Basicamente, seu cérebro tenta reagir. Ele envia sinais urgentes de que você não está prestando atenção a sinais familiares. *"Oi, são 3 da tarde, por que você não está comendo algo doce? Oi, esse fragmento passando pela sua cabeça agora é mais importante do que a fala da pessoa com quem você está conversando. Oi, você não deveria estar se fazendo de vítima?"*

Ignorar esses sinais requer energia neural e foco constante, o que é particularmente difícil quando você está lidando com muitas demandas ou tentando realizar algo. Então, você cede aos sinais familiares (*ok, só vou comer um pedacinho desse chocolate*), mesmo que isso só fortaleça os caminhos neurais que a mantêm presa ao hábito que você está tentando eliminar.

Para a situação ficar mais difícil, existe ainda o fato de você também inventar motivos para continuar com comportamentos que se tornaram confortáveis ou que lhe foram úteis no passado. Se você pegar o doce, você promete a si mesma que começará a fazer dieta amanhã. Se você continuar interrompendo alguém em vez de ouvir, você diz a si mesma que ele precisa ouvir o que você tem a dizer. Se você começa a sentir pena de si mesma, fica imaginando por que a outra pessoa optou por atacá-la. Tudo isso parece plausível até você perceber que se render a sinais familiares hoje significa que eles estarão de volta para assombrá-la amanhã. Tudo o que você fez foi dar aos seus comportamentos estabelecidos 24 horas para se tornarem ainda mais enraizados.

As pessoas bem-sucedidas são particularmente habilidosas em inventar motivos para continuar com os comportamentos no local de trabalho que não mais lhes são úteis pela simples razão de que esses comportamentos parecem ter funcionado para elas no passado. Afinal, elas receberam algumas grandes promoções e obtiveram excelentes feedbacks ao longo dos anos. Elas sentem que de certa forma estão no caminho certo. Então, por que mexer em time que está ganhando?

Em *Reinventando o Seu Próprio Sucesso*, Marshall mostra como a resistência é muitas vezes enraizada no que ele chama de delírio do sucesso — a crença de que, porque você foi bem-sucedida, não só você não precisa mudar como também você provavelmente não deveria mudar. Porque, se fizer isso, você pode perder o que tem de especial.

Como coach, Marshall, na maioria das vezes vê a resistência à mudança se manifestar em três estágios.

- No Estágio Um, o indivíduo decide que seja lá quem estiver sugerindo que ele precisa mudar deve estar confuso.
- No Estágio Dois, o indivíduo começa a reconhecer que, embora a sugestão sobre a mudança de forma geral possa ser válida, a crítica não se aplica a *ele* — se não, por que ele seria tão bem-sucedido?
- No Estágio Três, o indivíduo simplesmente ataca seja lá quem for que esteja sugerindo que ele precisa mudar. Ele apenas culpa o mensageiro. Isso permite que ele continue dando ouvidos às suas próprias razões.

Marshall se acostumou a ver esse padrão. Mas a maioria dos líderes e pessoas poderosas são homens. Portanto, a pergunta que precisamos fazer é: *"Esse padrão de resistência também é típico entre as mulheres?"*

Naturalmente, algumas mulheres reagem dessa maneira. As mulheres, como todos sabem, não são todas iguais. Nem os homens são. O gênero é apenas um fator na determinação de como cada um de nós reage a feedbacks, observações, sugestões e críticas — a qualquer evidência de que precisemos mudar um comportamento.

Dito isso, as mulheres geralmente têm experiências muito diferentes no trabalho e podem evocar reações diferentes das pessoas com quem trabalham. O que elas dizem é frequentemente ouvido de maneira diferente, ou nem é ouvido — um fenômeno conhecido popularmente como "falar enquanto mulher" (*speaking while female*). Elas podem ter mais responsabilidades, especialmente em casa. Talvez elas definam o sucesso de maneira diferente, como vimos.

Portanto, não é surpreendente que a resistência das mulheres possa surgir de formas diferentes. Formas que podem mantê-las estagnadas, mas que também lhes dão um trampolim para progredir.

Voltando a falar de Ellen, a engenheira do Vale do Silício cujo chefe lhe atribuiu notas baixas durante a sua análise anual de desempenho porque ele não a via como sendo bem conectada na organização. Sua crítica a confundiu e a deixou chateada (Estágio Um no modelo original de Marshall). Mas ela não rejeitou as observações dele com base na crença de que ela sempre teve sucesso (Estágio Dois). Nem decidiu que era *ele* que estava com problemas ou culpou-o pelo que ele havia dito (Estágio Três).

Não. Sua energia emocional não estava deixando-a na defensiva, mas sim fazendo com que *se sentisse mal*. Ela estava mais magoada do que arrogante. Longe de rejeitar sua avaliação, ela a levou a sério. Se ela não transmitiu como ela estava contribuindo, era provável que a culpa fosse *dela*.

Essa reação a paralisou por algumas semanas porque sentiu vergonha de não ter atendido às expectativas de seu chefe e um pouco sem esperança por ter sido tão mal interpretada. Foi somente após ter ouvido um coach de carreira falar sobre a necessidade de ativamente chamar atenção para o valor que você agrega, em vez de esperar que os outros notem o que você está fazendo, que ela começou a se perguntar *por que* ele não tinha entendido o valor que ela estava agregando.

Você perceberá que, embora ela tenha tido uma certa medida de sucesso em sua curta carreira, Ellen não se concentrou nisso ao responder à avaliação do seu chefe. A estagnação que ela sentiu não provinha de um tipo de delírio do sucesso, mas, sim, da dor inibidora e do senso de fracasso que ela sentiu ao ouvir o que ele tinha a dizer.

Como os exemplos de Marshall, sua primeira reação foi a resistência, mas foi a resistência da *mágoa*. Uma vez que ela superou esse sentimento, ela foi capaz de seguir em frente em vez de racionalizar, ficar na defensiva, culpar seu chefe ou concluir que ela simplesmente não conseguiria lidar bem com isso.

Com frequência, nós vemos mulheres que reagem a feedbacks difíceis como Ellen. Por isso, elaboramos três estágios alternativos de resistência para descrever como as mulheres costumam reagir a feedbacks indesejados.

- No Estágio Um, uma mulher reagirá à sugestão de que precisa mudar sentindo-se desencorajada e desvalorizada. Isso pode ser muito doloroso e resultar em certo grau de paralisia.
- No Estágio Dois, uma mulher começará a pensar *por que* quem deu a avaliação pode ter feito isso. Houve motivos válidos? Quais foram as circunstâncias? A crítica tinha a ver com ela ser mulher?
- No Estágio Três, uma mulher começará a examinar como seu próprio comportamento pode ter desempenhado um papel relevante na criação das percepções que levaram à crítica. O que ela poderia ter feito ou deixado de fazer? O que ela poderia fazer diferente? Em vez de se concentrar no mensageiro, a mulher olha para suas próprias ações.

Como você pode perceber, a resistência ainda existe neste modelo, mas ela assume uma forma diferente. E os Estágios Dois e Três oferecem uma ponte para a ação construtiva. Eles são potencialmente muito mais produtivos que os Estágios Dois e Três do modelo de Marshall do que não funciona.

Queira notar que não estamos dizendo que as mulheres sempre seguem esse modelo. Nós já trabalhamos com mulheres que rejeitam qualquer crítica e são altamente habilidosas em culpar o mensageiro. Mas reagir com mágoa, contanto que você possa evitar sentir-se paralisada ou desencorajada por muito tempo, coloca você em um caminho diferente que, com o tempo, pode realmente produzir resultados positivos — se você puder transformar essa mágoa em ação.

RESISTÊNCIA E ESTEREÓTIPO

Tudo isso é bom, você pode estar dizendo, mas as regras para as mulheres ainda são diferentes, e isso pode afetar o modo como elas são avaliadas. Para dar um exemplo bem conhecido, pesquisas mostram que, ao serem analisadas para uma promoção, é mais provável que as mulheres sejam avaliadas com base em suas *contribuições*, enquanto os homens são mais propensos a serem avaliados com base em seu *potencial* — critérios subjetivos que podem resultar em um homem menos qualificado conseguindo a vaga.

O estereótipo também pode desempenhar um papel na formação do feedback que as mulheres recebem, levando a vários cenários "onde não importa o que elas façam, elas sempre estarão erradas". Você fala muito ou não fala o suficiente. Você é muito agressiva ou não consegue se impor. Você sorri o tempo todo ou está sempre de cara fechada.

Portanto, não é de surpreender que o modelo positivo dos estágios acima possa ficar distorcido. Se você acredita que quem está lhe dando feedback negativo simplesmente não entende as mulheres, você será menos receptiva a ele. Você talvez se sinta magoada, irritada, incomodada ou zangada, mas também é provável que você seja cética e analise a fonte.

Uma profissional da área de investimento com quem Sally trabalhou em Nova York dá um exemplo. "Nossa empresa é conhecida mundialmente por ter muitos tubarões", observou ela. "Nosso pessoal é ferozmente ambicioso e basicamente tem a atitude de '*eu estou crescendo rápido, então você precisa sair do meu caminho*'. No entanto, eu fui constantemente criticada por chefes homens por 'ir para cima do que eu quero'. Eu sempre vi isso como um exemplo de preconceito inconsciente. Todos em nossa cultura 'iam atrás do que queriam', esse era basicamente o nosso molde. Eu sabia disso, então ignorei o feedback."

Claro, os homens não são os únicos que têm preconceitos inconscientes. As mulheres também podem ser altamente críticas umas das outras. Se você sempre recebe avaliações negativas de uma chefe, pode acabar ignorando o que ela diz com base na sua percepção de que ela é irremediavelmente competitiva com outras mulheres. Ou você pode ter motivos para acreditar que ela está com inveja de você — por causa da atenção que você recebe; porque você ameaça seu reinado em uma organização predominantemente masculina; porque você é mais jovem ou por causa de sua aparência.

Estereótipos podem se tornar mais complicados quando diferenças raciais ou étnicas estão envolvidas. Se você é afro-americana, pode ter boas razões para acreditar que seu chefe a avalia usando critérios diferentes dos que ele usaria para pessoas brancas. Ou você pode achar que a comunicação dele com você é estranha e nada autêntica porque ele só fica à vontade conversando com pessoas que se parecem com ele. Como a cliente de Marshall, Kemala, disse: "O chefe da nossa divisão estava constantemente me dizendo que a 'minha atitude' deixava as pessoas desconfortáveis. Mas acho que ele dizia isso porque *ele* se sentia desconfortável perto de uma pessoa negra como eu. Parecia que ele estava projetando seu desconforto nos outros para que de alguma forma a culpa fosse minha, e ele pudesse continuar pensando que ele é um cara ótimo e que se dava bem com todo tipo de pessoas."

Depois de um tempo guardando esse ressentimento, Kemala decidiu confrontar seu chefe de uma forma direta, mas bem-humorada, apresentando-lhe recortes que mostravam como era comum os afro-americanos serem criticados por terem "um problema de atitude". Ela então disse que reconhecia que podia melhorar e pediu que ele fosse mais específico em seu feedback. "Depois disso", ela diz, "nosso relacionamento começou a mudar. Mais tarde, ele me contou como foi útil minha pequena intervenção".

Da mesma forma, se você for latina, talvez sinta que os estereótipos fazem diferença quando recebe feedback sobre ser "emotiva demais". Se você for asiática, talvez suspeite quando lhe dizem que você não dá a sua opinião o suficiente. Em qualquer um dos casos, você talvez tenha certeza de que esses comportamentos não a caracterizam. E você talvez suspeite que o feedback seja baseado em preconceitos inconscientes.

Você talvez esteja certa a respeito disso e, em caso afirmativo, pode optar por abrir o jogo, como fez a cliente de Marshall com o suposto "problema de atitude". Mas também é útil equilibrar o reconhecimento de que os estereótipos podem estar envolvidos com a disposição de considerar o papel que você também pode estar desempenhando na criação de uma percepção específica. Se você percebe que está *rotineiramente* ignorando o feedback porque acredita que é tendencioso, pode se perguntar se isso poderia ser uma forma de resistência.

Afinal, mesmo que ele seja um pouco tendencioso, você ainda está recebendo informações. É importante lembrar que as percepções dos nossos principais stakeholders são reais para eles. Focar apenas ou principalmente o que está errado com quem dá o feedback raramente é o caminho mais eficaz para alcançar o próximo nível de sucesso. Em vez disso, pode se tornar uma forma sutil de culpar o mensageiro, o que é uma boa maneira de se manter improdutivamente estagnada.

Uma das razões pelas quais Ellen, a engenheira, foi tão bem-sucedida em mudar a percepção do seu chefe foi que ela passou exatamente zero horas pensando sobre as possíveis falhas dele. Ela trabalhava em uma unidade de milhares de pessoas, então ela realmente não via muito o seu chefe. Quase todos os subordinados dele eram homens, então *pode até ser* que ele se sentisse desconfortável com as mulheres — ela realmente não tinha como saber. Mas ela não se concentrou em tentar descobrir. Depois de superar o choque e a mágoa, ela se perguntou como seu próprio comportamento poderia estar contribuindo para a avaliação dele e o que ela poderia fazer para mudá-lo.

Em outras palavras, ela voltou sua atenção para o que estava em seu controle. Ela concentrou sua energia em identificar o que *ela* poderia controlar.

Conforme observado, os preconceitos ainda estão bem vivos no local de trabalho e podem influenciar como as mulheres são vistas e julgadas. Mas isso não significa que feedbacks que possam parecer estereotipados não tenham validade ou não possam ser úteis. Tomemos o caso da profissional da área de investimento que "ia pra cima do que queria". Quando Sally trabalhou com ela, ela estava prestes a fazer uma transição para um cargo de alto nível no governo que exigia habilidades diplomáticas significativas. O modo agressivo que ela desenvolveu no ramo bancário não a ajudaria nessa outra cultura. Tinha trazido ela até aqui, mas inibiria seu progresso daqui para frente.

Então, ela começou a ouvir com mais atenção o feedback que recebia, pedindo exemplos específicos em vez de descartá-lo como sendo absurdo. "O que ouvi pode ter sido sexista e provavelmente foi", disse ela. "Mas agora que eu precisava mudar, também achei útil."

NOSSAS CRENÇAS MOLDAM NOSSA RESISTÊNCIA

Tentar mudar um comportamento que está atrapalhando você raramente dá certo, a menos que você entenda as crenças que o alimentam. As crenças criam a estrutura que molda suas ações. Elas fornecem justificativas para como você se comporta e dão razões lógicas ao motivo pelo qual você realmente não precisa mudar.

Em *Reinventando o Seu Próprio Sucesso*, Marshall identifica várias crenças disseminadas que faz com que pessoas bem-sucedidas fiquem estagnadas. Essas crenças podem ter permitido que elas alcançassem coisas maravilhosas. Mas essas mesmas crenças podem atrapalhar quando tentam alcançar o próximo nível ou mudar para um terreno mais desafiador e satisfatório. Essas crenças contribuem para a causa da resistência.

Um tema importante existente nas crenças que Marshall aborda é o excesso de confiança, ou seja, a crença de que você foi bem-sucedida, será bem-sucedida, deve ser bem-sucedida e tem o poder para ser bem-sucedida por fazer o que você sempre fez. Em sua experiência com coaching, Marshall está muito acostumado com a crença inabalável (e às vezes delirante) de altos executivos em sua própria eficácia e virtude divinas e como isso pode torná-los altamente resistentes a qualquer tipo de mudança comportamental. Eles veem o sucesso como a sua recompensa, o resultado inevitável do seu trabalho duro e brilhantismo estratégico. Nesse esquema, sorte e outras pessoas desempenham papéis menores.

Em alguns casos, essas crenças podem ser realmente empoderadoras. Elas estimulam aqueles que as possuem a assumir os grandes riscos que são a marca registrada de muitas carreiras de sucesso. Elas incutem um otimismo que outros frequentemente acham magnético. Elas criam resiliência — a capacidade de resistir a contratempos e fracassos sem abrir caminho para a dúvida paralisante.

Com certeza há mulheres que compartilham dessas crenças fundamentais, mulheres que raramente parecem se questionar, que entram em uma sala esperando ter domínio do ambiente e se veem fadadas ao sucesso. Mas esse nem sempre é o caso; na verdade, raramente é. Mesmo mulheres de alto desempenho muitas vezes precisam lutar para manter sua confiança. Elas têm que se esforçar para declarar em que são boas ou lembrar por que merecem assumir mais responsabilidades. Talvez elas leiam livros de autoajuda com o objetivo de desenvolver confiança ou ouçam audiolivros ou podcasts enquanto dirigem. Talvez elas pratiquem afirmações positivas, como *eu estou fadada a ser bem-sucedida nisso!* Elas podem "fazer de conta" e tentar fingir até conseguir.

Mesmo nos níveis mais altos, o excesso de confiança raramente é uma grande falha feminina.

Nossa experiência sugere que há um conjunto diferente de crenças fundamentais que geralmente operam nas mulheres. Essas crenças estão no centro de sua resistência, fornecendo uma justificativa para comportamentos que mantêm as mulheres estagnadas.

Crença 1: A ambição é ruim

As mulheres de alto escalão que buscam chegar ao topo são rotineiramente criticadas por serem "ambiciosas demais". Isso é mais notório no caso das mulheres na política. Mas isso também é verdade para mulheres em empresas, organizações sem fins lucrativos, associações, instituições de ensino ou empresas com parceiros que ativa e abertamente buscam seu próprio avanço. Você até ouve falar de críticas feitas às mulheres que estão tentando se posicionar para liderar um trabalho voluntário.

O que significa ser "ambiciosa demais"? Parece significar que qualquer mulher que é ambiciosa é inconveniente, exagerada, excessivamente egoísta e não é digna de confiança. Os homens são frequentemente descritos como ambiciosos, é claro, mas raramente com o qualificador *demais*. Tal definição parece primariamente ser reservada para mulheres ambiciosas. Por isso, não é de admirar que mesmo as mulheres muito bem-sucedidas relutem em se descrever como ambiciosas.

A psiquiatra Anna Fels, que trabalha com algumas das principais mulheres na área de finanças e de direito em Nova York, percebeu essa relutância ao fazer pesquisas para o seu maravilhoso livro, *Necessary Dreams: Ambition in women's changing lives* ["Sonhos Necessários: Ambição mudando a vida das mulheres", em tradução livre]. Então, ela perguntou a algumas de suas clientes o que vinha à mente quando pensavam em mulheres ambiciosas. As palavras e frases mais comuns que usaram foram *egotismo, egoísmo, autoengrandecimento* e *manipulação de outros para seus próprios benefícios.* Dada a forma como definiram isso, não é de surpreender que até mesmo as principais empreendedoras tenham insistido que elas "simplesmente não são ambiciosas".

Sally viu uma relutância semelhante ao trabalhar com Nicki, uma sócia sênior em uma das maiores firmas de advocacia do mundo. Hoje ela tem 40 e poucos anos, mas Nicki começou a trabalhar na firma imediatamente depois de se formar como uma das melhores da sua turma na Faculdade de Direito de Harvard. Ela foi nomeada sócia um pouco mais tarde que alguns de seus colegas, mas, graças a fortes mentores e um excelente desempenho, ela subiu rapidamente para os altos escalões.

Apesar de literalmente ser uma das advogadas mais bem-sucedidas do mundo, Nicki informou a Sally, poucos minutos depois de começarem a reunião, que ela não se considerava ambiciosa. "Eu sou determinada, sim", ela disse, "mas não é a mesma coisa. Eu penso que ambição é como ser um político que sabe desde criança o que ele quer ser, então ele vive sua vida inteira nesse molde". Ela disse o nome de um conhecido senador dos EUA que era da sua turma em Harvard. "Ele era superambicioso e agia como um político desde o dia em que chegou à faculdade. Cada relacionamento, cada curso, foi escolhido com o objetivo de promover sua futura carreira."

Nicki se via muito diferente. "Eu vim para esta firma porque achei que seria um ótimo lugar para começar minha carreira, não porque eu me considerava uma sócia. Acabei ficando porque amo trabalhar e porque adoro o feedback que recebo pelo meu trabalho. Eu sempre fui motivada por um bom feedback. É por isso que tirava boas notas na escola. Aqui é igual: gosto de agradar o cliente, o juiz ou o sócio responsável. Essa basicamente tem sido a minha motivação."

Claramente, Nicki vê a ambição através de uma lente negativa. Ela não quer ser associada à palavra, mesmo que talvez alguém diga que subir até o topo de uma grande firma internacional de advocacia exigiria e seria uma prova de ambição.

Nicki também associa ambição a se concentrar apenas no poder posicional, o que ela diz que não a motiva. "Meu trabalho na empresa nunca teve a ver com a posição. Estou aqui porque acho o trabalho satisfatório e gosto do desafio." Sua atitude reflete a pesquisa citada no Capítulo 2, mostrando que as mulheres tendem a ser mais engajadas por uma experiência de trabalho de alta qualidade e pela crença de que elas estão contribuindo do que por padrões abstratos de posição e hierarquia.

No entanto é impressionante até que ponto as mulheres permitem que a ambição seja definida para elas. Não há razão para que ter um trabalho satisfatório e a fazer diferença no mundo não possam ser uma forma de ambição. Não há razão para que a ambição seja automaticamente vista como arrogante, egocêntrica ou indigna de confiança. A ambição pode ser mais proveitosamente definida como: o desejo de maximizar seus talentos em prol do trabalho que você acha valer a pena e ser recompensador. Escolher acreditar no contrário, ou fazer julgamentos negativos sobre a ambição, pode se tornar uma maneira de racionalizar a resistência.

Crença 2: Ser uma boa pessoa significa não decepcionar os outros

Muitas mulheres com quem trabalhamos se esforçam arduamente em serem pessoas maravilhosas. Isso é ótimo e ajuda a tornar o mundo um lugar melhor. Mas esse desejo pode lhes prejudicar se estiver associado à crença de que ser maravilhosa significa nunca decepcionar os outros. Já vimos isso com Miranda, a associada sênior na firma de advocacia, que assumiu um compromisso que consumia tempo e que prejudicava sua eficácia, porque ela estava relutante em decepcionar um colega qualquer. Mesmo que esse colega a tenha recomendado para um papel que *ele* preferisse evitar.

Marshall trabalhou com uma consultora que era amada por todos em sua empresa e ramo. Ela era conhecida entre colegas e clientes como "a maravilhosa Lina". Outras empresas tentavam contratá-la, mas ela se recusava a considerar qualquer oferta porque não queria separar sua equipe. Em parte, isso era bom: ela sabia que se beneficiava do trabalho daqueles que ela ajudara a se desenvolver. Ela, portanto, não imaginava que o que ela havia conseguido pudesse ser duplicado em qualquer circunstância simplesmente por causa do seu próprio brilhantismo, como muitos de seus colegas claramente acreditavam a respeito de si mesmos.

Finalmente, uma empresa concorrente fez uma proposta para Lina e toda a sua equipe, com um contrato impressionante e apoio sem precedentes. Ela ficou emocionada, mas quando ela foi conversar com a equipe vários membros relutaram em aceitar por motivos pessoais. Eles também expressaram desapontamento pelo fato de ela considerar abandonar uma empresa que tinha sido tão boa para ela.

Isso a incomodou muito. Ela começou a pensar em todos os mentores, patrocinadores e líderes seniores de sua empresa que tinham feito esforços por ela ao longo dos anos. Como eles reagiriam ao fato de ela sair? Será que eles a encarariam como uma ingrata? E como ela ainda poderia ser "a maravilhosa Lina" se não apenas saísse da empresa, mas levasse parte de sua equipe junto com ela?

Depois de muita angústia, ela decidiu recusar a oferta. Houve algumas boas razões para essa decisão. Mas seu desejo de não decepcionar as pessoas para manter sua autoimagem de uma pessoa maravilhosa atrapalhou sua capacidade de analisar objetivamente os prós e contras da proposta. Sua incapacidade de separar seus próprios interesses das expectativas dos outros se tornara para ela uma forma de resistência. Por fim, Lina acabou lamentando sua decisão quando dois dos membros mais importantes da sua equipe se demitiram para aceitar propostas melhores.

Crença 3: As mulheres devem sempre ser exemplo para outras mulheres

Marissa Mayer ainda era a CEO do Yahoo! quando ela engravidou de gêmeas. Embora ela tenha liderado uma reforma para que as políticas de licença-maternidade na empresa fossem mais generosas, ela anunciou que tiraria um período limitado de licença para o nascimento de suas filhas e continuaria trabalhando durante a gestação.

Sua decisão causou uma tempestade de protestos, a principal crítica sendo que Mayer não estava dando o exemplo, não apenas para seus próprios funcionários, mas, como disse um comentarista de imprensa, "para as mulheres em toda parte". Outro crítico lamentou: "Que tipo de mensagem ela passa? Ela está realmente fazendo com o que todas as mulheres lutaram para acontecer retroceda. Quando você está no nível dela, não existe essa coisa de decisão pessoal, porque outras mulheres estão olhando para você como fonte de orientação."

A ideia de que mulheres de alto nível não conseguem fazer suas próprias escolhas na vida sem primeiro considerar o impacto em potencial que isso pode ter sobre todas as outras mulheres é uma armadilha prejudicial. Ser bem-sucedida em um emprego exigente e ao mesmo tempo tentar manter uma vida pessoal recompensadora é bem difícil para qualquer um na rigorosa cultura de trabalho atual. Esperar que as mulheres também avaliem suas decisões pessoais com base em como os outros vão interpretá-las é um fardo extra. Certamente não é um peso que se espera que os homens carreguem.

No entanto, muitas vezes, as mulheres veem que suas decisões e retrocessos são escrutinados por meio da lente de "ser um exemplo". Isso pode se tornar uma fonte de vergonha e culpa, ao mesmo tempo em que coloca as mulheres umas contra as outras. O ônus é particularmente intenso para as mulheres que fazem parte de minorias, visto que muitas vezes se espera que elas levem em seus ombros não apenas os sonhos de outras mulheres, mas os de todo o seu grupo étnico ou racial.

Se você se encontra presa a essas expectativas, talvez seja hora de traçar sua fuga do inferno de "ser o exemplo". Levar isso como uma crença fundamental pode prejudicá-la. O que, quando você para e pensa, não é vantagem para nenhuma mulher.

As crenças descritas acima têm suas raízes na expectativa da sociedade de que as mulheres devem colocar as necessidades dos outros à frente das suas. Essa expectativa começa cedo. Em geral, as meninas são recompensadas por serem atenciosas e obedientes, enquanto os meninos recebem mais liberdade. Tanto homens como mulheres carregam esse legado com eles para o local de trabalho. Embora alterar as atitudes da sociedade levará décadas, você pode se beneficiar de refletir se internalizou crenças e expectativas que quase parecem ter sido projetadas para mantê-la estagnada.

PARTE II

Os Hábitos que Impedem as Mulheres de Alcançarem Seus Objetivos

CAPÍTULO 4

Os Doze Hábitos

Os doze hábitos apresentados neste livro são comportamentos que costumamos observar que atrapalham os esforços de mulheres bem-sucedidas de chegar ao topo.

Naturalmente, nem todos esses comportamentos se aplicam a todas as mulheres. A maioria com quem trabalhamos tem dificuldades com apenas alguns deles, enquanto outras com nenhum. Mas décadas de experiência profissional com mulheres em praticamente todos os setores nos ensinaram que mesmo as mulheres nos níveis mais altos podem se prejudicar com comportamentos específicos de autossabotagem, que são diferentes daqueles que mais frequentemente prejudicam os homens.

Isso não é surpreendente. Como observado no Capítulo 3, hábitos e comportamentos se desenvolvem em resposta a experiências, e as mulheres muitas vezes têm experiências diferentes das que os homens têm no local de trabalho. Isso nem sempre aparece nos primeiros anos da vida profissional de uma mulher. Mas em algum momento essas diferenças surgem e, ao longo dos anos, elas começam a cobrar seu preço.

Tomemos aquele fenômeno bem conhecido de "*falar enquanto mulher*". Uma série de estudos confirma a verdade de uma percepção feminina comum: que os homens geralmente têm dificuldade de ouvir uma mulher falar. Um exemplo típico ocorre em reuniões em que não há muitas mulheres presentes — ou apenas uma; no caso, você. Você faz um comentário ou uma observação durante uma conversa. Ninguém comenta ou parece notar. Outros participantes continuam a conversa.

Então um homem, muitas vezes alguém em um cargo mais alto, mas não necessariamente, faz exatamente o mesmo comentário que você acabou de fazer. Mas a resposta desta vez é muito diferente. "Ótima ideia, Jack!" Ou "Eu concordo com o que Jack disse", ou "Eu só quero acrescentar algo ao que Jack falou".

De repente, Jack é o dono da ideia.

Você olha ao redor da sala. Ninguém parece notar o que acabou de acontecer. Então, agora você está em um dilema. Você deveria comentar que o Jack está ecoando suas observações? Você deveria tentar reivindicar crédito pelo que você disse? E por que ninguém percebeu quando *você* fez o comentário?

Se Jack está em um cargo mais alto que o seu, você provavelmente deixa passar. Afinal, as organizações raramente olham com bons olhos pessoas que corrigem os seus superiores, especialmente na frente dos outros. E os chefes geralmente recebem crédito por ideias dadas por pessoas que trabalham para eles. Isso é um fato da vida em qualquer cultura hierárquica.

Mas e se Jack for um colega ou tiver uma posição um pouco mais baixa que a sua na cadeia de comando? Você se sente uma tola sentada ali e deixando que outros a ignorem. Mas se você disser alguma coisa vai parecer mesquinha e carente? Talvez você se lembre de uma colega que foi criticada por fazer uma objeção semelhante em uma reunião anterior. Ou você se preocupa que Jack ou um de seus amiguinhos possam retaliar. Finalmente, você decide que não faz sentido criar um inimigo, então fica de boca fechada. Mas a sensação de que foi desrespeitada permanece com você, e isso afeta suas interações com o Jack (e talvez com outros colegas da sala) daqui para frente.

Esse é um cenário comum; nós ouvimos variações dele o tempo todo. É uma daquelas pequenas peripécias que as mulheres enfrentam rotineiramente ao longo de suas vidas profissionais. Você encontrará sugestões sobre como lidar com esse tipo de situação nos Capítulos 13 e 14. O que importa é que situações como essa geralmente moldam a experiência de trabalho das mulheres. E uma vez que a experiência molda o comportamento, ter sua voz ignorada repetidas vezes pode começar a influenciar a maneira como você reage, mesmo quando as pessoas estão prestando atenção a cada palavra sua.

E suas reações, ao longo do tempo, se tornam hábitos.

GÊNERO NEUTRO

Em *Reinventando o Seu Próprio Sucesso*, Marshall examina 20 hábitos ou comportamentos que ele rotineiramente vê atrapalhando o caminho de pessoas bem-sucedidas. Alguns deles, embora comuns entre os executivos do sexo masculino que formam sua base de clientes, tendem a ser menos típicos entre as mulheres.

Esses comportamentos incluem:

- Ganhar demais.
- Dizer ao mundo como você é inteligente.
- Reivindicar crédito que você não merece.
- Não dar aos outros o devido reconhecimento.
- Usar a raiva como ferramenta de gestão.
- Recusar-se a expressar arrependimento.
- Não expressar gratidão.
- Colocar a culpa em outros.

Se você acha que algum desses comportamentos é um problema para você, você vai gostar de consultar *Reinventando o Seu Próprio Sucesso* para ter ideias de como você pode se desapegar deles. Mas após certa reflexão não vemos esses comportamentos como particularmente problemáticos para a maioria das mulheres. Às vezes sim, mas não com muita frequência.

Outros hábitos descritos no livro de Marshall tendem a ser mais neutros em termos de gênero. Vamos analisar brevemente quatro desses comportamentos.

Julgar

Se você se pega pensando *"Por que ele diz esse tipo de coisa? Eu nunca diria isso!"*, você está julgando essa pessoa.

Julgar significa sentir a necessidade de impor seus padrões aos outros, como se a função deles fosse viver de acordo com as suas expectativas. Você não precisa fazer isso verbalmente. Você também pode julgar outra pessoa em sua cabeça, comparando seu comportamento com o que *você* faria, geralmente de uma maneira que mostre que você é superior.

Se você parar para pensar, isso é realmente fútil.

Exatamente *por que* você esperaria que todas as pessoas com quem você trabalha tivessem os mesmos padrões de comportamento que você tem? Só porque você não faz birra, trama vinganças ou tenta sugar toda a atenção, não significa que ninguém mais faça isso. Portanto, não faz sentido ficar atordoada porque um colega, chefe ou cliente, ocasionalmente (ou mesmo com frequência) se comporta como um completo imbecil.

Marshall trabalhou com um CEO altamente crítico que apreciava avaliar as respostas que as pessoas davam às perguntas que ele fazia em reuniões. "Ótima ideia", dizia ele para um voluntário. "Nada mal", para outro. "De onde você tirou essa ideia?", para um terceiro. Quando Marshall chamou a atenção dele para isso, ele alegou que estava apenas sendo útil para sua equipe. Mas é claro que as pessoas viam o que ele estava fazendo como julgar. Nunca lhe ocorrera que era melhor escutar em vez de avaliar imediatamente com suas respostas, deixar as coisas se desdobrarem e parar para considerar tudo o que estava sendo dito a ele. Depois de aprender este ponto aparentemente simples, ele fez um progresso surpreendente em se tornar um ouvinte mais eficaz.

Julgar com frequência é o motor para o tipo de conversa fofoqueira que pode tornar o local de trabalho tóxico. Pode parecer gratificante compartilhar opiniões negativas de colegas de trabalho que você acha difíceis de lidar ou que acredita estarem um pouco perdidos, mas observações carregadas de julgamentos desperdiçam seu tempo e criam energia negativa que suga seu ânimo e podem alienar os outros.

A fofoca também prejudica você como líder, já que aceitar os outros *com suas falhas* é o primeiro passo para descobrir como lidar com eles de maneira eficaz, o que é exatamente o que os bons líderes fazem. Quanto mais claramente você ver as pessoas, mais estratégica você poderá ser. Nublar sua resposta com avaliações negativas só vai atrapalhar você.

Começar com "não", "mas" ou "no entanto"

"Não, já tentamos dessa maneira e vimos no que *isso* resultou."

"Mas e se essa informação não for expressada como planejado?"

"No entanto, uma coisa que você se esqueceu de dizer foi..."

Pode ser um hábito seu usar qualificadores negativos para iniciar suas sentenças durante reuniões ou análises de desempenho. Você pode até usá-los em sessões de brainstorming nas quais a regra "não existe ideia ruim" deveria estar em vigor. Você pode não estar realmente discordando do que os outros estão dizendo. Você pode simplesmente estar organizando seus pensamentos ou tentando enfatizar a importância do que você tem a dizer. Ou talvez você simplesmente tem o hábito de dizer *não, mas* ou *no entanto*.

Mas começar a falar com um qualificador negativo sempre equivale a uma contradição direta do que alguém está dizendo. Essa pode não ser a sua intenção, mas a pessoa com quem você está falando ouve dessa maneira. Ela ouve: "Seu argumento pode ser bom, mas o meu é melhor". Ou: "Esqueçam isso, o que estou prestes a dizer é realmente importante."

Os qualificadores negativos operam como tiques verbais; hábitos da fala dos quais você pode nem estar ciente. É sempre melhor dar seu argumento sem antes desqualificar o que a outra pessoa disse. Um simples *sim, e* ou *obrigada* faz uma transição mais graciosa para o que você precisa acrescentar ou dizer.

Dar desculpas

Em *Reinventando o Seu Próprio Sucesso*, Marshall observa que as pessoas usam dois tipos de desculpas no trabalho, sejam elas descaradas ou sutis. As desculpas descaradas são do tipo "Meu cachorro comeu meu dever de casa"; "Desculpe pelo atraso, o carro da minha babá quebrou"; "Desculpe por ter perdido a reunião, meu calendário do Google não funcionou".

O problema das desculpas descaradas é que elas são uma maneira ineficaz de se posicionar como uma líder, como alguém em quem os outros podem confiar. Recorrer a elas regularmente faz com que você aparente ser atrapalhada ou que não quer assumir responsabilidade por suas ações. Um "me desculpe" sem floreios é sempre mais eficaz.

As desculpas descaradas são particularmente ineficazes se você também tem o hábito de pedir desculpas por coisas que não tem nada a ver com você. Você pode ler mais sobre esse comportamento, que é mais típico entre as mulheres do que entre os homens, no Capítulo 13.

As desculpas sutis são aquelas que você usa para atribuir um erro a alguma falha de caráter, como se fosse um aspecto permanente e inalterável da sua personalidade. Tanto homens como mulheres muitas vezes dão desculpas sutis, mas as desculpas que as mulheres usam com frequência parecem quase que projetadas para colocá-las em uma posição negativa.

"Eu sempre fui uma pessoa desorganizada."

"Parece que eu não consigo ficar de boca fechada."

"Eu fico magoada com facilidade."

"Eu gosto demais de ficar agradando os outros — é um defeito terrível."

Quando você faz essas declarações, pode parecer que está assumindo responsabilidade por suas ações, mas outras pessoas escutam que você está sugerindo que é incapaz de mudar. Você nunca ganha nada ao se estereotipar de maneira negativa. E você reduz sua capacidade de abandonar comportamentos que a atrapalham se você se apegar à crença autodestrutiva de que eles são, de alguma forma, parte de sua composição genética.

Uma necessidade excessiva de ser eu

Nos últimos anos, tem-se colocado muita ênfase na autenticidade no local de trabalho. A ideia muitas vezes parece ser que a honestidade exige aceitar suas falhas ou falar abertamente de seus erros. Esse hábito geralmente decorre da suposição de que tentar mudar seu comportamento seria, de algum modo, uma traição ao seu verdadeiro eu.

Embora uma excessiva "necessidade de ser eu" seja neutra em termos de gênero, homens e mulheres frequentemente a manifestam de maneiras diferentes. Marshall ouve altos executivos do sexo masculino defendendo veementemente sua relutância em elogiar as pessoas que trabalham para eles, alegando que para eles isso seria ser falso. "Não é assim que eu falo", eles podem dizer. "Não seria autêntico para mim se eu ficasse falando do desempenho de um subordinado." As mulheres presas na armadilha da autenticidade são mais propensas a dizer coisas como: "Eu não sou do tipo que faz autopromoção."

Mas se você sabe que um comportamento não está sendo bom para você e persiste em praticá-lo mesmo assim, isso não é ser autêntica: isso é ser teimosa.

Então, sempre que você se ouvir dizendo que algo *não é você*, talvez queira questionar sua motivação. Uma devoção excessiva a uma autoimagem específica pode ser uma desculpa que está deixando-a estagnada. É uma forma de obstinação que vai atrapalhar você ao passo que tenta chegar ao topo.

COMO AS ORGANIZAÇÕES DIFICULTAM A MUDANÇA COMPORTAMENTAL

Nossa economia global não espera por ninguém, então um dos grandes desafios que os líderes enfrentam hoje é posicionar suas organizações para operar na vanguarda. Isso significa ficar confortável com um ambiente em constante mudança, e é por isso que a maioria das organizações está tão ansiosa para dizer que adota a mudança e prospera nesse ambiente.

No entanto a cruel ironia é que, apesar de se posicionarem como agentes da mudança, as organizações com frequência, e sem querer, dificultam a mudança das pessoas *dentro* delas. Isso é verdade por duas razões.

Primeira, sem realmente ter a intenção, as pessoas nas organizações frequentemente atribuem umas às outras uma identidade ou um papel baseado em comportamentos anteriores.

Por exemplo:

- "A Marcy seria uma boa escolha para a força-tarefa; ela está sempre pronta para ser voluntária."
- "Alguém que não fosse a Sandra provavelmente deveria lidar com esse trabalho. Isso exige diplomacia e tato, e ela é sempre muito direta."
- "A Chantal é uma ótima ouvinte — ela se daria bem nessa função."

É claro que não há nada de errado em levar em conta as habilidades e disposições das pessoas ao distribuir tarefas. Mas isso pode ter o efeito de manter as pessoas presas a uma rotina monótona. Isso não as deixa expostas a desafios que poderiam beneficiar o seu desenvolvimento e nega a elas a chance de praticar novos comportamentos. E, se tentassem se libertar de padrões conhecidos, isso poderia se voltar contra elas.

Digamos que você seja a Marcy e tenha começado a reconhecer que sua disposição de voluntariar-se para tarefas extras está enraizada no desejo de querer agradar outras pessoas, mesmo quando isso não é benéfico para você. Você decidiu tentar ser mais estratégica ao avaliar quais oportunidades aproveitar e quais deixar passar. Então, quando alguém da sua equipe solicita voluntários para um projeto que não se encaixa em suas metas estratégicas, você se força para não levantar a mão.

Você pode se sentir satisfeita por estar mostrando disciplina. Mas, então, um colega manifesta surpresa pelo fato de você não estar se voluntariando. "Você é sempre tão solícita", ele pode dizer. Ou: "O que aconteceu? Você é geralmente a primeira da fila." A implicação é que você não está sendo você e decepcionou as expectativas, porque saiu do roteiro habitual.

Quando isso acontece, você pode se sentir pressionada a agir mais "como você". As mudanças comportamentais positivas que você está tentando fazer estão em conflito com as expectativas que a mantêm presa. Uma boa solução nesta situação é dizer à pessoa insistente que você está desenvolvendo um novo comportamento. Você encontrará muitas sugestões de como fazer isso na Parte III. O ponto aqui é que as pessoas nas organizações frequentemente atribuem umas às outras funções com base em comportamentos anteriores, o que dificulta o desenvolvimento de novos comportamentos.

A segunda maneira que as organizações dificultam a mudança comportamental é por meio de sua forte tendência para ação.

Quase toda organização é projetada para demonstrar um compromisso com a ação positiva; com *fazer coisas*. "Estamos buscando novos mercados em X." "Estamos expandindo nossas ofertas para incluir Y." "Estamos instituindo um novo sistema para prestação de contas." Raramente há menção de caminhos que não foram tomados, ações que não foram feitas. Mesmo quando a "inação" deliberada poupa a organização, isso raramente é discutido pela simples razão de que a "inação" não é vista como uma virtude.

E assim, em um retiro de equipe, você pode ser informada de que concentrar sua atenção nas necessidades de novos clientes deve ser sua principal prioridade. Mas você raramente será incentivada a parar de olhar para o seu telefone a cada cinco minutos para que possa estar mais presente para o que seu cliente está dizendo. A ênfase é sempre no que você deve fazer, nunca no que você deveria *parar* de fazer.

Da mesma forma o — ou a — CEO da sua empresa pode dar regularmente "palestras motivacionais" em que fala positivamente sobre ser um bom membro da equipe. Mas com que frequência você ouve a liderança exortando os melhores funcionários a se concentrarem *menos* nos números para melhor apoiar a equipe?

Por causa dessa predisposição para a ação, as organizações reconhecem e recompensam as pessoas principalmente pelo que fazem — conseguir um novo cliente, assinar um contrato, atingir uma meta. Raramente alguém é parabenizado, muito menos recompensado, por evitar um acordo que poderia ter dado errado, mesmo quando o resultado teria sido claramente catastrófico. Em vez disso, aqueles que expressam preocupações sobre as consequências de várias ações são frequentemente vistos como pessimistas, fora de sintonia com a cultura de ação.

Pode parecer um paradoxo que essa tendência para ação possa fazer com que seja mais difícil para alguém mudar, já que mudar costuma estar associado a agir. Se você quiser entrar em forma, vá para a academia. Se você quiser subir na organização, você trabalha mais. Mas um insight importante à medida que você progride em sua carreira é que a mudança comportamental geralmente significa *não* agir em vez de agir. Como o gênio da administração Peter Drucker dizia, "gastamos muito tempo ensinando aos líderes o que fazer. Não gastamos tempo suficiente ensinando aos líderes o que parar de fazer".

As décadas de coaching de Marshall confirmam a sabedoria nas palavras de Drucker. Ele percebeu que os clientes que fazem longas listas de comportamentos a se "fazer" (*dizer "por favor" e "obrigado"; ser mais paciente; tratar os outros com respeito*) têm mais dificuldade para mudar do que aqueles que se concentram em alguns comportamentos a "parar" de fazer (*parar de falar a sua opinião toda hora; parar de desvalorizar o trabalho de outras pessoas; não reivindicar crédito que você não merece*). Mesmo a simples frase "deixar de ser um idiota" é muitas vezes mais eficaz do que enumerar os comportamentos desejáveis a serem experimentados.

Sally também percebeu como a tendência para ação pode minar a capacidade das pessoas de abandonar comportamentos que não lhes são úteis. Um exemplo vívido ocorreu durante uma ligação recente com um cliente sobre um workshop de liderança que ela daria. Depois que ela havia feito o esboço do programa, a chefe do comitê de planejamento deu sua opinião.

"O mais importante é que sua palestra forneça ações imediatas", disse ela. "Temos uma cultura muito proativa por aqui, por isso queremos garantir que você dê às pessoas muitas atitudes a se tomar. O ideal seria que os participantes saíssem com cinco coisas novas que possam colocar em prática na segunda de manhã."

Sally já tinha ouvido esse tipo de pedido no passado e tentava levá-los em consideração. Mas agora ela estava decidida. Ela comentou que, em sua experiência, a última coisa que a maioria das pessoas nas organizações precisa é de cinco coisas novas para fazer na manhã de segunda-feira. Com os funcionários já sobrecarregados, acrescentar novos itens a suas listas de tarefas já lotadas pode ser contraproducente. Além disso, as avaliações dos programas de Sally mostraram que os participantes relataram tirar mais proveito de ter tempo para refletir sobre suas prioridades em vez de adicionar novos itens. Ela argumentou por compartilhar dados sobre resultados passados e persuadiu a cliente a deixar que ela focasse o workshop para ajudar os participantes a serem mais eficazes e diligentes do que mais ocupados.

OS HÁBITOS

Assim, o foco deste livro não é *novos* hábitos e comportamentos que você pode querer começar a praticar, já que achamos que você provavelmente já tem itens suficientes para fazer na sua lista. Em vez disso, nossa meta é ensiná-la sobre os hábitos "obrigatórios" que, em nossa experiência, têm maior probabilidade de atrapalhar sua vida como mulher. Hábitos que podem ter sido úteis, mas podem prejudicá-la ao passo que você tenta chegar ao topo.

Os 12 capítulos seguintes dão exemplos e estudos de caso desses comportamentos. Ao lê-los, talvez seja interessante destacar aqueles que você acredita se aplicarem no seu caso.

Você pode estar se perguntando como você pode abandonar hábitos e reações que se tornaram arraigados ao longo de anos ou mesmo décadas de trabalho, já que a experiência molda o comportamento.

Não é verdade o ditado popular "não se ensina truque novo a cachorro velho"?

A boa notícia é que agora sabemos que o ditado do cachorro velho não se aplica aos seres humanos. Não se aplica nem aos cachorros! Até recentemente, os pesquisadores do cérebro acreditavam que apenas os sistemas neurais das crianças tinham a capacidade de mudar por meio do crescimento de novos circuitos que novas habilidades e novos comportamentos exigiam. Mas ressonâncias magnéticas funcionais (fMRIs), que permitem que neurocientistas visualizem o cérebro em funcionamento, confirmam que o cérebro mantém a capacidade de construir novos caminhos neurais em todas as fases da vida adulta saudável.

Como resultado, você *pode* reprogramar o seu cérebro para auxiliar novos hábitos e padrões de pensamento a qualquer momento durante a sua vida. O único problema é que você deve estar disposta a repetir esses novos comportamentos até que seu cérebro se sinta confortável com eles. Isso porque os comportamentos e pensamentos criam novos caminhos *apenas quando são repetidos com o passar do tempo*. Com a prática, eles se estabelecem e começam a operar automaticamente. Mesmo as pessoas que sofreram traumas profundos podem ser curadas por repetir hábitos e pensamentos que neutralizam as reações preestabelecidas.

Esse princípio da neuroplasticidade significa que você tem a capacidade de mudar a forma como reage às situações. Experiências passadas podem moldar seu comportamento, mas elas não precisam *determinar* seu comportamento. Você tem o poder de se tornar mais precisa, mais intencional, mais presente, mais assertiva, mais autônoma, mais à vontade ao exercer autoridade, mais confiante em estabelecer limites e mais eficaz em se defender.

Todas essas maravilhas estão dentro de sua capacidade e escopo. Mas o processo não pode começar até que você identifique os hábitos que a atrapalham e comece a praticar novos hábitos que lhe são mais úteis.

Com essa notícia positiva em mente, apresentamos os 12 comportamentos que mais frequentemente observamos manter as mulheres estagnadas.

1. Relutar em reivindicar suas conquistas
2. Esperar que os outros notem e recompensem espontaneamente suas contribuições
3. Supervalorizar a expertise
4. Construir em vez de usufruir de relacionamentos
5. Não recrutar aliados desde o primeiro dia
6. Colocar seu emprego à frente de sua carreira
7. A armadilha da perfeição

8. A doença de querer agradar
9. Minimizar
10. Demais
11. Ruminar
12. Permitir que seu radar distraia você

COMPORTAMENTOS LIMITANTES TAMBÉM SÃO PONTOS FORTES

Como Marshall aponta em *Reinventando o Seu Próprio Sucesso*, quanto mais alto o seu cargo na organização for, mais provável que seus problemas sejam comportamentais. Não lhe faltam habilidades. Você claramente é inteligente. Você é boa em lidar com problemas e pensar estrategicamente. Você tem a experiência e a seriedade que vem com isso. Você provavelmente construiu muitas conexões úteis ao longo dos anos. Você tem certeza de seus valores e de sua ética. Você está acostumada a cumprir sua palavra. Você é provavelmente uma excelente comunicadora. Você é altamente disciplinada e está motivada.

O sucesso geralmente indica que você domina o básico sobre a sua função. É por isso que questões comportamentais se tornam tão importantes. Se você ainda perceber barreiras que a impedem de chegar aonde você quer ir, os impedimentos comportamentais provavelmente desempenham um papel fundamental. É claro que, como mulher, você ainda pode encontrar barreiras culturais e estruturais em sua organização. Não adianta negar que elas ainda existam. Mas, como observado anteriormente, cultura e estrutura não estão sob seu controle, ao passo que seus comportamentos e hábitos sim. Então, esse é sempre o melhor lugar para começar a melhorar a qualidade de sua vida no trabalho e suas perspectivas de alcançar todo o seu potencial.

Uma ressalva. Enquanto você se aprofunda nos hábitos descritos nos próximos capítulos, você pode reconhecer alguns e acabar pensando: *Uau, isso parece tanto comigo*! Isso é bom, já que estar aberta a informações sobre comportamentos limitantes é o primeiro passo essencial no caminho para fazer uma mudança saudável e duradoura.

Mas tente evitar ser muito dura consigo mesma ou identificar itens demais em que você precisa melhorar, como até mesmo Frances Hesselbein fez no Capítulo 1. Se fizer isso, você pode começar a se sentir sobrecarregada.

A experiência de Marshall aplicando feedbacks 360 mostra, de forma sistemática, que as mulheres nas organizações são vistas como líderes mais eficazes do que os homens. Muitas pessoas acham isso surpreendente — não que as mulheres sejam líderes mais eficazes, mas que essa seja a percepção amplamente difundida sobre mulheres específicas dentro de uma organização. Isso não significa que *toda* mulher é vista como mais eficaz. Isso significa que em média a mulher é, estatisticamente, vista como uma líder melhor do que um homem. É uma mensagem reconfortante e empoderadora para as mulheres entenderem.

Mas a análise de feedback de Marshall também deixa claro que as mulheres são muito mais duras consigo mesmas do que os homens. Elas tendem a se preocupar mais com as suas falhas reconhecidas e a sentir maior pressão para fazer melhorias. Isso pode ser útil porque isso faz com que você queira mudar. Mas se concentrar demais na autocrítica, ou se condenar por ser uma humana imperfeita, é sempre contraproducente. Você não pode liderar e você não pode fazer melhorias úteis no seu comportamento se estiver constantemente se repreendendo.

É por isso que a regra básica de Marshall ao fazer coaching com mulheres é: "Por favor, não seja muito dura consigo mesma."

Nós pedimos que você tenha isso em mente. Também pedimos que reconheça o que a levou até onde você está hoje. O outro lado da moeda de todo comportamento limitante é sempre um ponto forte. Pontos fortes como empatia, humildade, diligência e confiabilidade estão por trás de muitos dos comportamentos descritos neste livro. Então, ao ler sobre esses comportamentos e pensar sobre o que você gostaria de desenvolver, aproveite para reconhecer e celebrar o que a trouxe até aqui.

Agora vamos descobrir o que vai ser necessário para que você alcance o próximo nível.

CAPÍTULO 5

Hábito 1: Relutar em Reivindicar Suas Conquistas

Com o passar dos anos, Sally conduziu entrevistas detalhadas com inúmeras líderes. Vários anos atrás, ela passou dias entrevistando sócias em cargos seniores em empresas de contabilidade, direito, consultoria e investimento. Ela estava interessada em descobrir o que elas acreditavam ter sido o maior fator responsável pelo seu sucesso, e particularmente ansiosa para saber o que elas pensavam sobre como as mulheres mais jovens em suas empresas poderiam se posicionar melhor para se tornarem sócias.

As respostas às suas perguntas variaram muito, mas em duas áreas foram notavelmente consistentes. Quando perguntadas sobre quais eram os maiores pontos positivos das mulheres mais jovens em suas firmas, as sócias quase unanimemente citaram sua capacidade de entregar um trabalho de alta qualidade. "As mulheres aqui superam as expectativas quando você lhes dá tarefas", disse uma das sócias. Outra disse: "Elas são extremamente minuciosas, colocam todos os pingos nos is. Elas levam os prazos a sério. Elas estão presentes. Elas são meticulosas. Você pode contar com elas para que o trabalho seja feito."

Quando perguntadas sobre quais eram os maiores *pontos fracos* das mulheres mais jovens em suas firmas, as respostas também foram consistentes. "Sem sombra de dúvidas, elas são muito ruins em trazer atenção e visibilidade para seus sucessos." "Elas costumam trabalhar mais do que seus colegas homens, mas se esforçam para evitar levar o crédito pelo que fizeram, especialmente quando se dirigem a líderes seniores." "Muitas de nossas mulheres parecem desconfortáveis com a palavra 'eu', então tentam sempre distribuir o crédito. Isso pode torná-las pessoas boas, mas isso não é bom para suas carreiras."

Essas observações foram feitas sobre associadas em empresas do tipo sociedade, tais como direito, contabilidade, consultoria e *investment banking*. Mas a relutância em reivindicar conquistas é comum entre as mulheres em todos os setores e em todos os níveis. Ao dar workshops para jovens profissionais com alto potencial e líderes mulheres, Sally frequentemente faz referência à sua pesquisa e pergunta: "Quantas de vocês são boas em chamar atenção para suas conquistas?" Geralmente, apenas algumas mãos aqui e ali são levantadas. Às vezes, nem uma única mulher se descreve dessa maneira.

Quando solicitadas a refletir sobre por que é tão difícil reivindicar suas realizações, as respostas variam. Mas duas respostas aparecem quase todas as vezes:

"Se eu tiver que agir como uma babaca desagradável para ser notada por aqui, prefiro ser ignorada. Não quero me comportar assim."

E:

"Acredito que um bom trabalho fala por si mesmo. Se eu fizer um trabalho excelente, as pessoas vão notá-lo."

Examinaremos a segunda resposta no próximo capítulo, quando analisarmos o Hábito 2. Mas, por enquanto, vamos abordar a resposta "babaca desagradável". Ela é bem comum. Uma mulher escolhe aquele funcionário que mais descaradamente se autopromove na organização e decide que, se ela tentar chamar atenção para o que está fazendo, estará agindo como ele (geralmente é um cara). Uma vez que só a ideia de

Hábito 1: Relutar em Reivindicar Suas Conquistas

imitar o comportamento desse colega insuportável é repulsiva para ela, ela prefere manter a cabeça baixa em vez de procurar maneiras de ser reconhecida por suas contribuições.

Há dois problemas com essa abordagem.

Primeiro, citar o babaca como um exemplo de tudo o que você não é e não deseja se tornar indica um modo de pensar 8/80. Ou você exemplifica os piores aspectos de um determinado comportamento, ou você se comporta de uma maneira completamente oposta. O pensamento 8/80 não vê a possibilidade de um meio-termo, de uma forma graciosa, por exemplo, de chamar a atenção para a qualidade do seu trabalho sem se tornar desagradável e egoísta, e assim justifica sua recusa em fazê-lo. O 8/80 é uma armadilha comum, algo sobre o qual você verá muito neste livro, e uma armadilha que será bom que você evite.

Segundo, contrastar sua recusa em reivindicar crédito por seu próprio bom trabalho com um exemplo extremo oposto pode fazer com que você se sinta moralmente superior a qualquer um que se sinta à vontade para se comportar assim. Isso é inútil, porque lhe dá uma desculpa para o que é, no fim das contas, uma justificativa para permanecer na sua zona de conforto. Em vez de se perguntar *por que* você tem dificuldade em chamar a atenção para seus sucessos e, depois, descobrir uma maneira apropriada de fazer isso, você se parabeniza por ser uma pessoa maravilhosa que não precisa "ficar se mostrando". E então tenta se reconfortar nesse fato quando a próxima promoção é dada a outra pessoa.

Marshall observa que as pessoas geralmente adaptam seu comportamento para satisfazer as expectativas de seu "grupo de referência". É uma frase que ele pegou do falecido grande pioneiro da diversidade, Roosevelt Thomas. Basicamente, isso significa que as pessoas agem da maneira que o grupo com o qual se identificam espera que elas ajam. Se você se sente desconfortável com chamar a atenção para suas conquistas, muitas vezes é porque seu grupo de referência — outras mulheres, um ex-chefe, uma cultura repressora, sua família — espera que você seja modesta e discreta.

Como resultado, você tende a ver os comportamentos que não atendem a essas expectativas como disruptivos. E você os evita mesmo em situações profissionais em que isso é esperado. Mas pense: se as mulheres nos anos 1970, 1980 e 1990 estivessem universalmente preocupadas em atender às expectativas de seu grupo de referência, haveria cerca de zero mulheres em cargos de gerência hoje. Seguir em frente — chegar ao topo — requer ações ousadas. Então, enquanto não há nada a ganhar por ser desagradável, encolher-se em um esforço para agradar os outros não beneficiará você — nem outras mulheres.

INVISÍVEL EM PITTSBURGH

Pense em Amy, a diretora-executiva de uma pequena fundação de artes, mas altamente conceituada, em Pittsburgh, Pensilvânia, EUA. Ao preencher um questionário em um workshop de Sally, ela se classificou com um 5, a pior nota possível em uma escala de 1 a 5, em sua capacidade de obter reconhecimento por seu trabalho e 1 (a melhor nota) em sua capacidade de entregar resultados excelentes.

Até recentemente, Amy não considerava essa lacuna como um problema. Ela era a mais velha de uma grande família católica e havia sido criada para colocar as necessidades dos outros em primeiro lugar. Ela pensava nessa disposição como uma virtude. Mas, recentemente, recebeu um chacoalhão que a levou a questionar sua relutância em reivindicar suas próprias conquistas.

Ela copresidiu um importante evento de caridade que atraiu líderes corporativos importantes da cidade e arrecadou mais que o dobro do dinheiro que seus patrocinadores esperavam. Ela compartilhou o trabalho considerável que o evento exigiu com um copresidente do sexo masculino — vamos chamá-lo de Mitch — que comandava a maior organização sem fins lucrativos de serviço social no oeste da Pensilvânia. Amy e Mitch trabalharam bem, e juntos entregaram excelentes resultados. Ela acreditava que eles haviam desenvolvido uma forte relação de trabalho.

No dia seguinte ao evento, um repórter local ligou para entrevistar Amy. Ele perguntou o que ela acreditava ter contribuído para o sucesso notável do evento. Ela falou efusivamente sobre sua colaboração com Mitch e elogiou seus esforços, citando ações específicas, bem como doadores que ele havia trazido a bordo. Ela também deu crédito a todos em sua equipe por seu trabalho árduo, excelente planejamento e habilidade de reunir pessoas importantes na comunidade.

Quando o artigo foi publicado no dia seguinte, a Amy quase enfartou. O repórter que a entrevistou também falara com Mitch, mas como Mitch escolheu descrever o evento era bem diferente da descrição de Amy. "Eu não podia acreditar", disse ela. "Ele nem me mencionou. Ele basicamente deu a si mesmo o crédito por tudo que tinha dado certo e usou a entrevista para promover a si mesmo e a sua organização. E, uma vez que eu passei a maior parte do meu tempo dando crédito a ele, ele se destacou como a peça fundamental por trás do evento. Pessoas de toda a cidade estavam ligando para parabenizá-lo. Eu pensei que nós tínhamos sido uma equipe de verdade, mas aparentemente ele não via dessa maneira. Eu não tinha ideia de que ele era tão egocêntrico."

Um murmúrio empático percorreu o workshop enquanto Amy contava sua história. No entanto é útil parar e pensar o que realmente podia estar acontecendo. Mitch é o diretor regional de uma organização internacional sem fins lucrativos, e uma grande parte de seu trabalho é fazer com que sua organização regional passe uma boa impressão. Ele também está, o que não é de surpreender, interessado em enviar ao conselho a mensagem de que ele está fazendo um trabalho espetacular. Talvez ele queira manter sua posição e saiba que um candidato mais jovem está apresentando um desempenho quase tão bom quanto o dele. Ou talvez ele esteja pensando em sua próxima negociação de contrato e quer ter certeza de que a diretoria reconhece seu valor.

Levar em conta essas informações faz Mitch realmente parecer um egocêntrico? Pode ser que sim ou pode ser que não, mas usar a entrevista do jornal para promover seu papel e sua organização não fornece evidências para nenhuma das duas opções.

A questão mais relevante é por que Amy, quando dada a chance de falar sobre seu trabalho, sentiu-se obrigada a passar toda a entrevista falando sobre Mitch. Claramente, ele é um líder bem-sucedido que não tem dificuldade para falar por si. Por que ela sentiu a necessidade de falar por ele?

Conversando mais tarde não só com Amy, mas também com Mitch, Sally teve alguns insights de como as coisas tinham dado errado. Para começar, Amy notou que estava tentando demonstrar o tipo de camaradagem que ela associa a excelentes líderes de organizações sem fins lucrativos. Mas ela também disse que se sentiu à vontade para colocar os holofotes em Mitch porque ela presumiu que ele faria o mesmo por ela quando fosse entrevistado pelo repórter. "Eu imaginei que ele falaria de mim e de minhas contribuições para o evento, assim como eu destaquei o que ele acrescentou ao projeto."

Mitch, em contraste, disse que nunca tinha imaginado que Amy não falaria de si. "Afinal de contas", ele disse, "o repórter estava dando a ela uma oportunidade muito boa de posicionar a si mesma e sua organização e aumentar a visibilidade dos dois dentro e fora da comunidade. Não sei por que ela não encarou isso desse jeito, mas não é meu trabalho fazer isso por ela. Ela está em uma posição de liderança, será que ela não sabe como isso funciona?"

Claramente, Amy e Mitch estavam operando a partir de premissas totalmente diferentes. Ela usou a entrevista como uma oportunidade para ser generosa e solidária, enquanto ele se concentrava em fazer o que ele achava ser seu trabalho.

Por um tempo, Amy encontrou consolo na noção de que se mostrara ser uma pessoa melhor que Mitch. Mas ela recebeu um tapa na cara quando soube que sua diretoria não estava feliz por ela não ter dado a

Hábito 1: Relutar em Reivindicar Suas Conquistas

atenção adequada à fundação na qual trabalhava. Por mais doloroso que fosse, ouvir o descontentamento da diretoria finalmente estimulou Amy a agir. Em vez de concluir que Mitch gostava de se mostrar, ela decidiu descobrir como se tornar uma defensora mais eficaz de si mesma e de sua organização.

Foi quando Amy percebeu que ela tinha o *hábito* de virar o holofote para outras pessoas. Se um colega comentasse sobre o seu escritório bem administrado, ela dava automaticamente crédito à sua assistente. Se um doador dissesse a ela que recebeu um bom relatório sobre uma iniciativa de parceria que ela liderou, ela elogiava o parceiro. Esse tipo de comportamento parecia normal para ela; uma maneira gentil de responder e muito alinhada com a forma como ela fora criada.

Mas, dada a forma como o conselho respondeu, ela começou a se perguntar se outra coisa também poderia estar acontecendo. Será que ela simplesmente ficava desconfortável em aceitar elogios ou em reivindicar crédito? Será que ela estava excessivamente dedicada à sua autoimagem de modéstia? Ela se lembrou de uma amiga que uma vez disse que sempre que Amy recebia um elogio ela usava isso como uma oportunidade para apontar suas próprias falhas. "Por que contradizer alguém que diz algo legal?", perguntou a amiga.

Amy consultou um coach, e ele sugeriu que ela começasse a lidar com sua relutância em aceitar crédito simplesmente por dizer *obrigada* sempre que ela fosse elogiada. O coach tinha feito coaching com Marshall, e um dos principais comportamentos que Marshall trabalha para incutir em seus clientes é o hábito de dizer obrigado — e depois não dizer mais nada. Não dizer: "Obrigado... *mas toda a minha equipe trabalhou tanto que foi fácil.*" Não dizer: "Obrigado... *nós demos sorte com o tempo, não é?*" Sem apontar para outros, sem falsa modéstia, sem protestos. Simplesmente *agradecer*. Marshall chegou a ponto de impor multas a clientes que não seguissem essa regra.

No início, Amy pegou-se respondendo com algo parecido com: "Obrigada, mas realmente não foi difícil." Em outras palavras, ela aceitava o crédito ao mesmo tempo em que se desviava dele. Mas ela continuou tentando e logo foi capaz de abandonar esses complementos. Ela diz: "Parece simples, mas percebi que me forçar a parar no *obrigada* era uma boa maneira de começar a praticar um novo comportamento. Se eu conseguisse adquirir o hábito de aceitar crédito, talvez eu pudesse ficar mais confortável ao reivindicá-lo. Isso ajudaria a mim e a minha organização."

O "EU" EM EQUIPE

Amy tinha desfrutado de uma carreira de sucesso em organizações sem fins lucrativos, apesar de sua modéstia. Mas sua longa alergia ao marketing pessoal a colocou em apuros quando chegou ao topo. Isso é comum. À medida que você passa para um nível mais alto, qualquer desconforto que sinta reivindicando reconhecimento começará a incorrer em custos mais altos. Isso se dá quando você representa uma organização, como Amy. Desviar o crédito não apenas diminui suas próprias conquistas, mas reduz a visibilidade das pessoas com quem você trabalha: colegas, funcionários, parceiros, líderes seniores e, no caso de Amy, a diretoria.

As organizações muitas vezes não conseguem lidar com a relutância das mulheres em fazer marketing pessoal de modo eficaz porque assumem um modelo de liderança masculina. Há alguns anos, Sally percebeu como essa suposição pode estar arraigada quando participava de um fórum de liderança feminina em uma das quatro maiores empresas de contabilidade do mundo. O evento regional foi realizado em um resort nos arredores de Atlanta, Geórgia, EUA.

Como era a moderadora de dois debates, Sally tinha entrevistado várias mulheres com cargos seniores na empresa com antecedência e distribuído o breve questionário que ela usou no workshop com Amy para todas as participantes. Os resultados deixaram claro que, embora muitas das mulheres estivessem confiantes em sua capacidade de entregar resultados excepcionais, elas tinham dificuldade para serem reconhecidas por seu trabalho. Muitas demonstravam o tipo de hábitos discretos que tinham sido um problema para Amy, classificando-se no extremo inferior da escala quando se tratava de reconhecimento.

No entanto a equipe de RH que organizou o evento optou por enviar uma mensagem muito diferente sobre os objetivos da empresa, os hábitos e os comportamentos que ela queria reforçar. Acontece que uma avaliação recente da firma mostrou que 40% dos líderes seniores da organização eram vistos como "relutantes em compartilhar informações ou crédito". (O fato de que esses líderes seniores eram em sua maioria homens pode ter influenciado esses resultados!) Como consequência, tomou-se a decisão de focar todos os eventos de liderança do próximo ano em incutir um espírito de trabalho em equipe entre os funcionários. A equipe de RH que planejou o fórum das mulheres escolheu o tema "Não existe EU em Equipe". Bandeiras coloridas anunciavam o slogan na entrada do local e acima do palco onde os participantes se sentavam. Sam, um alto executivo, pediu aos participantes em sua palestra de abertura que fizessem um esforço para compartilhar o crédito por suas conquistas.

Para Sally, a cena era um exemplo perfeito do porquê as empresas costumam errar na liderança feminina e não entendem a natureza dos desafios das mulheres. Para muitos dos participantes, colocar um "EU" em "Equipe" não era um problema. Em vez disso, elas tinham dificuldade para usar a palavra EU ao falar sobre seus sucessos. Como uma participante disse no coquetel após o debate: "Gostei do que Sam tinha a dizer, mas não me identifiquei com isso. Na minha experiência, nossas mulheres têm mais problemas com marketing pessoal do que com se vangloriar. Eu sei que esse é o meu caso."

A ARTE DO MARKETING PESSOAL

Se você tem dificuldade para reivindicar crédito por suas conquistas, isso pode custar-lhe sua carreira. Mas os custos serão maiores quando você estiver tentando subir de cargo ou buscando um novo emprego. Falar sobre o que você contribui e detalhar por que você se qualifica não a torna egocêntrica ou egoísta. Apenas emite um sinal de que você está pronta para progredir.

Empresas de pesquisa confirmam que as mulheres que se candidatam a empregos são geralmente menos assertivas do que os homens quando se trata de deixar claro quais são suas qualificações. Fern, sócia em uma empresa que auxilia na contratação de profissionais da área da saúde, diz: "Nós percebemos que as mulheres muitas vezes hesitam ao descrever suas habilidades e experiência. É comum encontrar comentários em cartas de apresentação como: 'Nunca tive um cargo como esse antes, então não tenho certeza se minhas qualificações atendem a todos os requisitos.'"

Um homem menos qualificado muitas vezes será mais ousado, relata Fern. "Um cara pode dizer: 'Eu tenho exatamente as habilidades que você está procurando e posso facilmente atender a esses requisitos porque sou excelente em X, Y e Z.' Talvez X, Y e Z não tenham nada a ver com o trabalho, mas a sua confiança, de alguma forma, é o bastante para convencer. Ao passo que as mulheres são mais propensas a expressar dúvidas. Com frequência, isso resulta em o emprego ir para o homem menos qualificado. Uma vez que ele acredita piamente que pode fazer o trabalho, o empregador está disposto a lhe dar uma chance. É claro que, às vezes, o machismo entra na jogada, mas muitas vezes a mulher se mostra hesitante demais para argumentar que está pronta. É muito desanimador quando isso acontece."

Fazer marketing pessoal com eficácia, longe de ser vergonhoso, é uma parte importante de todo trabalho — e fundamental para ajudá-la a alcançar o próximo nível de sucesso. Se você quer alcançar o máximo do seu potencial, tornar suas conquistas visíveis, especialmente para aqueles em níveis seniores, é tão importante quanto as tarefas que de fato constam no seu contrato empregatício.

Se você não encontrar uma maneira de falar sobre o valor do que está fazendo, você está enviando uma mensagem dizendo que você não valoriza muito o que faz. E se *você* não dá valor, por que mais alguém deveria fazer isso? Você também comunica que não tem muita certeza sobre se quer avançar na sua carreira. E se *você* não tem certeza, por que alguém deveria arriscar o próprio pescoço para apoiá-la?

Se você está pensando em como pode fazer marketing pessoal, é importante ter em mente que você é seu principal produto. Ao falar sobre o que já alcançou, você está sempre fazendo propaganda de si mesma — não apenas os detalhes, mas o pacote como um todo. Todo vendedor de sucesso sabe disso. As pessoas compram porque gostam e confiam em você. E porque acreditam que o que você tem a oferecer pode ser de valor para elas. Por que elas acreditam nisso? Porque você, obviamente, acredita! Encantar é o segredo de todo grande vendedor.

Para promover a sua própria imagem com eficácia, acreditar no que você tem a oferecer é essencial. Se a Coca-Cola fizer uma campanha de marketing, ela não dirá: "*Bem, algumas pessoas preferem Pepsi.*" Ou: "*É possível que, se você der uma chance à Coca-Cola, talvez goste dela.*" Não. O trabalho dela é falar sobre o quanto a Coca é ótima. Não é se esconder, mas sair dizendo ao mundo: "Temos um produto fantástico."

Se esse tipo de declaração a deixa desconfortável, talvez ajude pensar em termos de *por que* é importante que você progrida. O que a motiva na sua jornada? Se simplesmente alcançar o topo do pico hierárquico não for o suficiente, talvez outra coisa a deixe animada.

Talvez você ache que ter mais poder na organização seria ótimo para seus clientes maravilhosos. Talvez você ache que sua organização poderia se beneficiar de ter alguém com seu QI emocional na dianteira. Talvez você esteja convencida de que seria uma boa líder — ou, pelo menos, melhor do que o valentão que está de olho na vaga que você quer. Talvez você ache que sua empresa se beneficiaria se mais mulheres ocupassem cargos de chefia. Talvez você queira inspirar seus filhos ou ser motivo de orgulho para seus pais.

Lembre-se: essas não são razões egoístas. Mas elas podem ser razões que motivam você. Se assim for, mantenha-as em mente na próxima vez que se sentir tentada a não aceitar o crédito por suas conquistas ou dizer "não foi nada" ou "qualquer um poderia ter feito o que eu fiz". O mundo pode se beneficiar do seu sucesso.

O que mais pode ajudar? Expor a falácia do pensamento 8/80 pode ser um começo. Então você acha que *ou* você descaradamente se autopromove *ou* se torna uma mártir modesta que não para de trabalhar? Não, há muito espaço entre esses extremos. Você pode simplesmente ser uma pessoa talentosa e determinada a falar por si mesma. Procure as nuances das situações e encontre um meio-termo entre "violeta encolhida" e "autopublicitária gritante" que combine com o seu estilo.

E, se você ainda pensa que fazer marketing pessoal com eficácia é brega ou abaixo do seu nível, pode tentar examinar isso através de uma lente invertida. Por exemplo, Marshall percebeu que os homens às vezes desconfiam de mulheres que têm aversão a reivindicar suas realizações. Eles veem essas mulheres como não sendo autênticas, falsamente humildes ou que não têm comprometimento. Então, por que você permitiria que seu comportamento apoiasse tais percepções negativas?

Se reivindicar suas conquistas parecer um novo comportamento para você, tente recrutar um colega para ajudá-la. Você encontrará muitas ideias sobre como fazer isso no Capítulo 18 deste livro. Por exemplo, você pode começar simplesmente por pedir a um colega que trabalhou com você em um projeto bem-sucedido que fale um pouco sobre você na próxima vez que estiverem em uma reunião. Pode não ser você corajosamente tomando a iniciativa, mas é um começo.

Apenas se abstenha de contradizer o que ele tiver a dizer.

CAPÍTULO 6

Hábito 2: Esperar que os Outros Notem e Recompensem Espontaneamente Suas Contribuições

No último capítulo, examinamos como não reivindicar suas realizações pode impedir seu crescimento em sua empresa ou em sua carreira. O outro lado da moeda desse hábito é esperar que os outros notem suas contribuições sem que você precise chamar a atenção deles para isso. Esses dois comportamentos andam lado a lado. Eles têm raízes semelhantes, mas efeitos diferentes. Juntos, eles podem realmente fazer com que você fique estagnada.

Conforme observado anteriormente, as mulheres nos workshops de Sally que dizem que não são boas em chamar a atenção para suas realizações geralmente apresentam um desses dois motivos. Ou dão a resposta do "babaca desagradável", que examinamos no capítulo anterior. Ou dão a resposta "esse não é meu trabalho", mais frequentemente expressa como a crença de que "um bom trabalho fala por si mesmo". Ou ainda: "Se eu fizer um excelente trabalho, as pessoas *vão* notá-lo."

Essas crenças podem servir como uma desculpa conveniente para você se recusar a reivindicar suas conquistas, permitindo que você se safe (em sua própria imaginação, pelo menos) se falar por si mesma faz você se sentir desconfortável. Você pode acreditar que sua relutância é apropriada ou evidência de que você é um tipo de pessoa superior, mas pode sabotar seus esforços e fazer com que seu trabalho duro seja negligenciado.

Foi o que aconteceu com Amy, a chefe de uma ONG descrita no capítulo anterior, que presumiu que seu copresidente, Mitch, falaria sobre as contribuições dela quando o repórter do jornal o entrevistou. Foi o que aconteceu com Ellen, a engenheira do Vale do Silício apresentada no Capítulo 1, que se sentiu arrasada quando seu chefe não percebeu as conexões que ela havia construído na empresa, embora ele não tivesse como saber com quantas pessoas ela frequentemente mantinha contato.

Esperar que os outros notem suas contribuições, ou acreditar que eles deveriam, não é apenas uma boa maneira de ficar estagnada, mas também pode diminuir a satisfação que você sente em um emprego que você gosta. Lembre-se disso: as empresas não criam ótimos produtos e presumem que os clientes "deveriam" querer comprá-los. Elas têm um departamento de marketing que é projetado para promover com eficácia o que eles fazem. Você, como profissional, também precisa de um. Caso contrário, quando os elogios que você espera não vierem, você pode se sentir desvalorizada e subestimada. Você pode começar a sentir ressentimento não apenas dos seus superiores que parecem não ter consciência de todo o seu trabalho árduo, mas também dos colegas que são bons em se fazerem notados. Você talvez então decida pensar que eles querem apenas aparecer e se elogia por ser menos egocêntrica, consolando-se em sua própria "maravilhosidade", mesmo quando você permanece nas sombras.

Se ficar presa a esse tipo de pensamento negativo, poderá começar a acreditar que você realmente não se encaixa no seu trabalho. Afinal, se as pessoas ao seu redor forem incapazes de perceber os seus esforços, talvez seja melhor que você vá para outro lugar. É assim que um emprego que parece ter tudo a ver com você na hora da contratação começa a perder o seu encanto. Essa é apenas mais uma razão pela qual adotar uma abordagem mais proativa do que esperar ser notada é muito importante.

O GRANDE APRENDIZADO DE MAUREEN

Maureen é uma sócia sênior de um grande escritório de advocacia em São Francisco, Califórnia, EUA. Apesar de seu incrível desempenho inicial, ela se tornou sócia depois de alguns dos homens que tinham sido contratados no mesmo ano que ela. Isso a fez se sentir tão desvalorizada que, no começo de seu quinto ano como associada, ela decidiu que o escritório não era uma boa para ela.

Quando um cliente a abordou sobre uma vaga no escritório de advocacia geral de sua empresa, ela teve várias reuniões com ele. Então, com bastante insegurança, ela informou ao seu chefe que ela estava procurando outras opções.

"Você consideraria ficar caso se tornasse sócia?", ele perguntou.

Sem hesitar, Maureen disse que sim.

"Suponhamos que isso vá acontecer", ele disse a ela. "Não tome nenhuma decisão até que isso aconteça. Eu não acho que os membros do nosso comitê de sócios perceberam que você estava decidida com relação a isso."

"Como eles poderiam não ter percebido?", Maureen perguntou a si mesma, embora não tenha perguntado para o seu chefe. Será que ninguém tinha percebido que ela estava trabalhando feito um camelo desde o dia em que ela entrou na empresa? Dado seu histórico de conquistas, por que raios eles *não* achariam que o seu objetivo era ser sócia? Será que eles achavam que ela queria ser uma associada pelo resto da vida?

Dois meses após a conversa com seu chefe, Maureen foi promovida a sócia. Ela aceitou e já está na firma há 14 anos. Há 3 anos, foi convidada para participar do conceituado comitê de sócios da empresa, que avalia candidatos e escolhe sócios. Ver como o processo realmente funciona e como os outros membros do comitê pensam finalmente a fez entender por que demorou tanto para que ela fosse promovida.

Ela diz: "Na minha primeira reunião, nos reunimos em torno de uma mesa para analisar dois associados bem-sucedidos, uma mulher e um homem. Ambos tinham entrado na empresa no mesmo ano e ambos tinham se destacado em direito corporativo. O chefe desse departamento tinha muitos elogios a tecer sobre os dois. Mas no decorrer da nossa discussão ele mencionou que o homem parecia querer mais. Ele avisou que a empresa o perderia se ele não fosse promovido naquele ano."

Maureen conhecia a associada e a considerava muito boa. Ela era muito habilidosa com gestão de clientes, o que era crucial na época porque um dos clientes corporativos mais antigos da empresa estava reavaliando como distribuiria o trabalho de litígio. "Eu levantei essa questão e disse que achava que suas habilidades eram especialmente necessárias, dado o desafio que estávamos enfrentando. Eu disse que não tinha visto o associado exibir o mesmo nível de atenção ao cliente."

O chefe do departamento concordou com a avaliação de Maureen, mas disse que estava relutante em perder o associado para uma empresa concorrente. Maureen perguntou por que ele acreditava que o sócio sairia se ele não fosse promovido naquele momento.

"Isso é fácil", disse ele. "O cara fala em ser sócio desde o primeiro dia que entrou aqui. Ele está totalmente motivado e espera que isso aconteça em seu primeiro ano de elegibilidade. Se não dermos isso a ele agora, garanto que vamos perdê-lo para a primeira empresa que fizer uma proposta."

"E Jill?", Perguntou Maureen. "Ela também não espera ser sócia?"

"Talvez", ele respondeu. "Mas ela nunca disse nada para mim nem insistiu em ser levada em consideração. Ela parece gostar do trabalho em si. Eu sei que ela gosta do nosso grupo e tem fortes laços com seus clientes. Por isso eu não acho que ela iria embora se não fosse escolhida este ano."

"Aha!", pensou Maureen. "É por isso que demorou tanto tempo para eu ser promovida à sócia. Eu não comecei a falar sobre isso no momento em que cheguei. Nunca nem pensei em fazer isso. Eu achava que, se fizesse um excelente trabalho, eu seria escolhida quando chegasse a hora. Eu pressupus que era assim que as coisas funcionavam."

Os três anos seguintes no comitê ensinaram a Maureen que essa situação não era única — nem para ela e nem para Jill, a associada cujo nome surgiu naquela primeira reunião. "Vez após vez, eu ouvia a mesma razão ser dada para um homem ser promovido antes de uma mulher: *ele quer mais, ele está trabalhando nisso desde que chegou, ele não vai ficar se não for escolhido*. Meu grande aprendizado foi que os associados que constantemente falam sobre se tornarem sócios são identificados como sócios, porque eles obviamente querem muito e são ambiciosos. Aqueles que não fazem isso — infelizmente, geralmente são as mulheres — são passados por alto."

A experiência de Maureen levou-a a concluir que a estratégia feminina comum de trabalhar o máximo possível e acreditar que elas serão notadas era uma das principais razões pelas quais as mulheres em sua firma eram promovidas a sócias mais tarde em suas carreiras do que os homens. E esses atrasos tinham consequências. Quando as mulheres viam os homens serem promovidos ano após ano, elas concluíam que a empresa não as valorizava nem reconhecia seu potencial. E então elas começavam a analisar suas opções, como Maureen tinha feito. O atrito resultante confirmou a crença entre os sócios seniores de que as mulheres eram mais propensas a sair do que os homens, então eles tinham tendência a ver as mulheres como menos comprometidas.

Maureen diz: "Fiquei espantada ao perceber que a tendência das mulheres de se concentrar em seu trabalho, em vez de comunicar eficazmente o que estavam fazendo, era interpretada como falta de comprometimento. Isso é meio irônico, porque teoricamente o trabalho duro é evidência de lealdade. Particularmente, esse sempre foi meu pressuposto. Mas, quando os sócios seniores ouviam alguém constantemente falando sobre seu desejo de se tornar sócio, eles viam isso como evidência de que essa pessoa queria construir uma carreira na empresa." Uma vez que as mulheres estavam menos propensas a falar sobre o assunto, os líderes da empresa tinham a tendência de questionar se elas queriam fazer carreira ali.

Não é de surpreender que a questão da maternidade também viesse à tona. Maureen diz: "Quando o nome de uma mulher aparecia para avaliação, você ouvia coisas como 'Ela provavelmente não está interessada em se tornar sócia agora porque ela está na idade de ter filhos'. Eu dizia que a maioria das nossas sócias tinham filhos, e que eles não deveriam presumir que uma mulher não estaria interessada em se tornar sócia porque ela tinha uma determinada idade. Demorou um pouco, mas o comitê finalmente descobriu uma solução simples. Perguntar à mulher como *ela* via seu futuro na empresa."

Essa mudança desencadeou uma série de eventos que expandiu o grupo de mulheres sendo avaliadas para serem sócias, o que por sua vez começou a diminuir o atrito com as mulheres. "O ponto é", diz Maureen, "sempre haverá caras em nossa empresa que começam a dizer 'eu sou incrível' logo no primeiro dia. Porque eles diziam isso, os sócios achavam que era verdade. Agora eles estão se acostumando com a ideia de que não há uma correlação direta entre quem 'pode ser sócio' e quem apenas *diz* que pode. Mas deu um pouco de trabalho para chegar até aqui".

Por causa de sua experiência, Maureen sempre diz às mulheres que entram na firma como é importante que elas se responsabilizem pela tarefa de serem notadas. "Eu digo a elas: 'Fale o que você está fazendo, fale o que você conquistou e o que a motiva. Se você quer ser promovida à sócia, você precisa dizer isso repetidamente. Se não fizer isso, os chefões não a verão como uma pessoa comprometida. Apenas trabalhar duro não a levará aonde você quer ir.'"

NO ELEVADOR

Então, como você começa a assumir a responsabilidade de certificar-se de que seu trabalho seja notado? Como você chama a atenção para o que você contribui sem se sentir como uma idiota egoísta? Você pode começar articulando uma visão de onde você gostaria que seu trabalho a levasse para que você possa dar às pessoas um contexto para o que você quer no futuro. Em seguida, prepare-se para aproveitar todas as oportunidades de compartilhar o que você vê.

Essa é uma abordagem defendida por Dong Lao, que atua como patrocinador executivo de uma iniciativa feminina em uma instituição financeira global sediada em Londres, Inglaterra. Além de ser um banqueiro reconhecido internacionalmente, Lao trabalha com as mulheres de sua organização para identificar como elas podem obter os recursos de que precisam para progredir. Durante uma recente conferência externa na Suíça, uma participante perguntou a ele durante uma sessão de debate qual seria *uma atitude* que as mulheres poderiam tomar para se posicionar melhor para liderar uma organização.

Ele respondeu com uma história sobre estar em um elevador na sede do banco em Londres alguns meses antes. Um jovem analista que havia sido contratado recentemente estava em pé ao lado dele quando um funcionário de alto escalão entrou. Lao disse: "O jovem era do Oriente Médio. Muito polido, obviamente confiante, mas também educado. Não era arrogante como alguns que a nossa sede contrata.

O funcionário não tinha ideia de quem era o analista, já que as pessoas na sede não se conectam muito com colaboradores em outros níveis hierárquicos. Mas quando o elevador começou a se mover o executivo perguntou ao jovem o que ele fazia no banco. Sem um momento de hesitação, ele respondeu com três frases claras e sucintas. Ele mencionou seu cargo atual, disse que seu objetivo era liderar uma equipe de investimento em telecomunicações no sul da Ásia e comentou sobre os laços entre seu país de origem e a região na qual ele queria trabalhar, bem como dois relacionamentos importantes que seriam úteis. O pequeno discurso demorou menos de um minuto, mas estava repleto de informações. Ele claramente tinha pensado em cada palavra e ensaiado bem o seu discurso.

Quando o discurso terminou, o analista parou de falar e entregou seu cartão ao funcionário, que segurou a porta do elevador enquanto saía. 'Vou entregar isso para o chefe da nossa equipe de investimentos', disse ele. 'Se ele não entrar em contato, diga ao escritório dele que eu pessoalmente lhe disse para ligar para eles.'"

"Por que estou contando essa história?", perguntou Lao à plateia. "Porque acredito que muitas de vocês podem aprender com isso. Ter um pequeno discurso claro e conciso pronto para ser falado a qualquer momento — que diga o que você faz agora, mas enfatiza o que você quer fazer no futuro e por que você está qualificada para isso — lhe dá uma enorme vantagem em termos de visibilidade e posicionamento. Isso a diferencia do grupo e permite que defina quem você é no mais alto nível quando a chance aparece. Na minha experiência, grandes carreiras são muitas vezes construídas em encontros casuais. Por isso, sempre vale a pena estar preparada."

Lao mencionou três vantagens em ter um discurso de elevador memorizado e pronto para ser usado. "Primeiro, mostra que você é ambiciosa e que sua ambição é focada em algo específico que você está trabalhando para alcançar. Segundo, dá a você a oportunidade de falar sobre suas habilidades ou experiência de uma forma que se alinhe com o que poderia ser útil para a organização, não apenas agora, mas nos próximos anos. Você não está falando da boca para fora, está contando por que você tem o que é preciso para progredir e, por consequência, como a organização pode se beneficiar disso. Terceiro, isso lhe dá a chance de mostrar que você é atenciosa, ponderada e concisa — sendo que esse último item é importante para os executivos que estão sempre pressionados pelo tempo e pelo hábito de pedir às pessoas que cheguem ao ponto."

O que foi particularmente impressionante, disse Lao, foi como o jovem parou de falar após ter feito seu discurso. "Ele não ficou falando para tentar preencher o tempo. Ele parou e entregou seu cartão. Missão cumprida."

Lao sugeriu que cada participante da conferência elaborasse seu discurso de elevador, um resumo claro e conciso do que ela fazia, o que ela queria fazer no futuro e por que ela acreditava ser a pessoa certa para a tarefa. Ele disse: "A coisa mais importante é ser verdadeira, fazer uma declaração sincera do que você poderia e tem vontade de fazer no futuro. E isso tem que ser o mais conciso e breve que conseguir. Sem antecedentes, sem detalhes adicionais, sem explicações, justificativas, hipóteses ou defesas. Você deve manter seu discurso tão curto e claro quanto possível."

Lao também aconselhou não se preocupar que o que você tem a dizer possa mudar com o tempo. "Se isso acontecer, você criará um novo discurso de elevador. O objetivo é estar preparada para defender a si mesma e o seu futuro, para que, quando tiver a chance de falar com um líder sênior, você possa aproveitá-la. Você quer ser notada e criar oportunidades para si. Se elas mudarem com o tempo, isso é bom também."

TENHA UM PARÂMETRO

O discurso de elevador que Lao descreveu é uma versão tática de uma visão ou de uma missão, uma articulação pessoal de propósito que declara o que você está tentando alcançar no mundo. Peter Drucker, uma grande influência para nós, alguém que conhecíamos pessoalmente e com quem Marshall trabalhava, foi o primeiro a falar sobre a importância de ter uma declaração desse tipo, tanto para as organizações quanto para os indivíduos.

Certa vez, Peter Drucker disse a Marshall: "Você deve ser capaz de estampar a sua missão em uma camiseta." Marshall acha que esse pequeno conselho mudou sua vida. Desenvolvida anos atrás, a missão de Marshall é clara e simples — se tornar a autoridade mundial em "Ajudar líderes bem-sucedidos a alcançar mudanças de comportamento positivas e duradouras". Funcionou! Hoje, se você fizer uma pesquisa no Google e digitar "ajudar líderes bem-sucedidos" (entre aspas), dos 500 primeiros resultados, aproximadamente 450 serão sobre Marshall.

Ter bem claro o que você está tentando fazer e por que você está motivado não apenas permite que você fale sua verdade de forma poderosa e concisa, mas também ajuda a esclarecer quais oportunidades você deseja abraçar e quais você deve deixar passar. Você simplesmente se pergunta: *isso me ajudaria a alcançar meu objetivo maior?* Se assim for, talvez você deva dizer sim. Se não, você tem uma razão sólida para dizer não.

Miranda, do Capítulo 2, poderia ter usado esse critério quando um colega tentou convencê-la a fazer uma tarefa pesada no comitê de recrutamento de seu escritório de advocacia. Se ela tivesse uma noção mais clara e articulada do que queria alcançar, poderia tê-la usado para avaliar se a oportunidade era boa para ela ou não. Isso a teria ajudado a saber que perguntas fazer ao colega. E teria sido mais fácil recusar a solicitação se esta não se encaixasse nos planos dela para o futuro.

Criar um discurso de elevador pode render muitos dividendos. Isso pode ajudá-la a pensar mais claramente sobre o seu futuro. Pode fazê-la se sentir mais confiante e preparada. Pode fazer você ser reconhecida como uma pessoa séria, um recurso em potencial, alguém com futuro. E é perfeito para superar a armadilha passiva de esperar ser notada.

CAPÍTULO 7

Hábito 3: Supervalorizar a Expertise

Esforçar-se para dominar todos os detalhes do seu trabalho para se tornar uma expert é uma ótima estratégia para manter o seu emprego atual. Mas se o seu objetivo é avançar para um nível mais elevado, a sua expertise provavelmente não levará você até lá. Na verdade, o domínio de sua função atual geralmente serve como uma estratégia útil para mantê-la em sua função atual.

Se você acha essa afirmação chocante, pode ser porque, como muitas mulheres, você pressupôs que a expertise é o caminho mais seguro para o sucesso. E por isso você se esforçou para aprender todos os aspectos do seu trabalho e certificar-se que seu trabalho seja perfeito. Isso parece proativo, mas pode fazer com que você permaneça em uma esteira interminável, constantemente redefinindo seus limites, à medida que busca sempre se esforçar mais. Enquanto isso, seus colegas do sexo masculino estão tomando um caminho diferente, tentando fazer o trabalho bem o suficiente, enquanto concentram o seu tempo na construção de relacionamentos e visibilidade que os levará ao próximo nível.

Claro, não estamos defendendo o desempenho desleixado. E sabemos que habilidade e conhecimento são necessários para o sucesso. Mas, se você quer crescer em seu campo ou em sua organização, a expertise só a levará até certo ponto. Isso porque os principais cargos sempre exigem gerenciar e liderar pessoas com expertise, e não que você mesma forneça essa expertise.

É natural que as mulheres queiram se tornar especialistas no que fazem, pois é assim que as mulheres conquistaram seu lugar. Especialmente se você estiver em uma carreira, setor ou empresa com relativamente poucas mulheres, talvez tivesse que provar sua competência desde o dia em que chegou. Talvez o seu primeiro patrão duvidasse da sua capacidade e você tivesse que fazer um esforço extra para convencê-lo de que poderia lidar com o trabalho. Talvez um colega tenha ficado ressentido por ter você na equipe, então você tentou ganhar o respeito dele se tornando uma "supercontribuidora" — facilitando o trabalho dele no processo. Ou talvez você não tivesse confiança ou temesse que você não se encaixasse com o lugar, e então trabalhou duro para provar a si mesma que merecia mais responsabilidades. Seja qual for o motivo, sua expertise provavelmente moldou seu comportamento e, com o tempo, seu comportamento pode ter se tornado habitual. Seu comprometimento com a expertise pode ter ajudado você a sobreviver e pode tê-la ajudado a chegar até onde está hoje. Mas à medida que você avança, ela pode começar a atrapalhá-la.

Em *Necessary Dreams* ["Sonhos Necessários", em tradução livre], Anna Fels observa que para se sentir realizada no trabalho é preciso duas coisas: maestria e reconhecimento. Maestria é parte da expertise, o puro prazer que você sente quando faz algo a que você dá muito valor. A maestria proporciona o que os psicólogos chamam de recompensa intrínseca, o que significa que você se satisfaz com isso. O esforço e a recompensa são ambos internos.

O segundo requisito de Anna para se sentir realizada no local de trabalho é ser reconhecida pelo que você faz. O reconhecimento é uma recompensa extrínseca porque vem de fora: você precisa que alguém dê reconhecimento a você. Não é surpreendente, então, que as mulheres tendam a supervalorizar a expertise, já que as mulheres geralmente têm mais dificuldade para serem reconhecidas por suas realizações.

Conforme observado no capítulo anterior, as mulheres não são reconhecidas frequentemente porque se sentem desconfortáveis em reivindicar suas conquistas. Se falar sobre si mesma ou chamar a atenção para o que você realizou faz com que você se sinta uma idiota egoísta, provavelmente você prefere não falar nada e esperar que os outros percebam que você está contribuindo. Mas as mulheres às vezes não são reconhecidas porque as pessoas ao seu redor subestimam suas contribuições. Isso é comum, particularmente em setores como ciência e medicina, nos quais a desvalorização das conquistas femininas é bem documentada e tem uma longa tradição.

Quando você, com frequência, recebe pouco reconhecimento, a expertise pode se tornar uma defesa, sua maneira de afirmar seu valor, independentemente do que os outros percebam ou pensem. Sendo intrínseca, a maestria é a única fonte de satisfação que você pode controlar. Isso é uma coisa boa e pode ser profundamente gratificante. Mas é insuficiente se você quiser seguir em frente.

A MENTALIDADE DA MAESTRIA

Um ótimo exemplo é o de Ashley, uma das palestrantes em uma reunião que Sally participou em Denver, com as melhores líderes do Colorado. Aos 30 anos de idade, Ashley havia sido promovida recentemente para liderar o enorme grupo de serviços B2B de sua empresa. Quando perguntada sobre o que foi o maior responsável por sua ascensão meteórica, ela surpreendeu seu público dizendo: "Foi aprender a deixar de ser uma expert."

Ashley explicou: "A minha maior lição na carreira tem sido aprender que, embora a expertise seja *esperada* em praticamente qualquer trabalho, não é muito útil para progredir. Demorei um pouco para ver isso. Quando entrei na empresa havia pouquíssimas mulheres, e me preocupava em estar qualificada para o cargo. Eu certamente não tinha a confiança dos caras ao meu redor. Eles recebiam muitos elogios e pareciam confortáveis com toda a política. Senti que precisava tomar cuidado e conquistar meu espaço, então me concentrei em aprender cada detalhe, me tornar uma expert em todas as tarefas, provar meu valor e evitar críticas. O que é bom, mas é uma maneira ruim de posicionar-se para algo maior."

Isso é verdade por vários motivos. Primeiro, aprender todos os detalhes até a perfeição consome muita energia, deixando pouco tempo para desenvolver os relacionamentos necessários para progredir. Segundo, seus esforços para fazer tudo com perfeição geralmente demonstram que você é perfeita para o emprego que já tem. Terceiro, a expertise que você desenvolve pode torná-la indispensável para o seu chefe, que logicamente quer mantê-la onde já está.

Este último cenário foi um choque para Ashley. Ela estava na empresa há seis anos, quando seu chefe mencionou que seu nome fora citado para um emprego na divisão B2B da empresa. "Ele me disse que o recrutador interno estava interessado, mas que ele, meu chefe, não podia se dar ao luxo de me perder", diz Ashley. "É incrível que ele não tenha pensado que me dizer isso poderia ser um problema. Mas ainda mais surpreendente é que eu não vi nada de errado com isso. Eu na verdade me senti lisonjeada por ele precisar tanto de mim. Foi a validação que eu estava procurando desde que fui contratada" — esse endosso extrínseco que significa tanto para todos nós.

No entanto a menção do B2B por parte de seu chefe ficou em sua mente, e, depois de ver dois colegas menos qualificados obterem promoções financeiramente bem interessantes, Ashley percebeu que sua abordagem de "mentalidade da maestria" para seu cargo atual era praticamente projetada para mantê-la estagnada. Ela pediu conselho de um ex-chefe, que lhe disse que ela precisava pensar em cada cargo como um emprego *e* uma ponte para o que viesse a seguir.

Ele disse: "É claro que você precisa trabalhar bem, mas precisa pensar grande. É raro ser promovida porque você fez o seu trabalho perfeitamente. É mais provável que você seja promovida porque as pessoas conhecem e confiam que você poderia contribuir em um nível mais alto. E porque você demonstra que está pronta para um desafio."

Essa conversa foi crucial para Ashley. "Percebi que basicamente tinha dito ao meu atual chefe que estava contente em permanecer onde estava. Agora eu tinha que mostrar a ele que isso não era mais verdade. Então, quando uma vaga ainda melhor em B2B foi aberta, entrei em seu escritório e lhe disse que cortaria meus pulsos para obtê-la. Ele não poderia ter ficado mais surpreso, mas ele me ouviu. Eu certamente fui clara! Ele disse que ficaria feliz em me dar seu apoio."

Ashley prosseguiu por enviar um e-mail ao seu chefe no qual expunha todas as razões pelas quais ela era a escolha certa para o novo cargo. "Basicamente, eram pontos que poderiam auxiliar a fazer propaganda de mim para a equipe de B2B. Ele me disse que ter tudo por escrito realmente foi útil."

Isso também ajudou Ashley porque escrever o e-mail fez com que ela meditasse profundamente sobre seus pontos fortes. Isso mudou a perspectiva do que ela tinha para contribuir. Ela diz: "Eu sempre tinha dado como certo que ser diligente e superatenciosa era o que me fazia ser boa nos empregos que já tive. Mas olhando mais a fundo vi que minha habilidade em administrar relacionamentos era, na verdade, meu maior trunfo. Isso é o que realmente me qualificava para o próximo cargo. Esse foi um grande momento eureca para mim. Isso me deu confiança e foi uma maneira de dizer ao meu novo chefe que eu estava pronta para coisas ainda maiores. E, acima de tudo, isso *me* ajudou a ver que eu estava pronta."

SAINDO DA BANCADA

Ana, uma designer de software, dona de uma das maiores empresas de tecnologia do Vale do Silício, aprendeu uma lição similar sobre o valor limitado da expertise. Mas ela aprendeu sozinha, sem a intervenção de um ex-chefe.

Ana cresceu no México, mas estudou engenharia na Califórnia, onde era uma das poucas mulheres da turma. Um de seus professores deixou claro que, em sua opinião, dar aulas para futuras engenheiras era uma perda de tempo.

Ana diz: "Ele costumava dizer na aula que era claro que todas as mulheres conseguiriam um emprego porque as empresas estavam sendo forçadas a nos contratar. Ele via isso como parte do sistema de cotas e não esperava que nenhuma de nós se saísse bem. Quando ele dizia isso, ele costumava olhar diretamente para mim. Eu entendia que ele me via como um duplo caso de cota, porque eu sou latina."

Ana conseguiu um emprego desenvolvendo software em uma empresa que estava ativamente recrutando mulheres, então os comentários de seu professor continuaram a ecoar em sua cabeça. Ela queria provar que tinha sido contratada por mérito próprio, por isso se concentrou em se superar em suas tarefas e em ser a pessoa mais confiável de sua equipe.

Ela disse: "Eu não pensava em crescer na carreira. Eu estava grata por ter um bom trabalho e gostava de ser metódica e competente enquanto desenvolvia minhas habilidades como engenheira. Eu provavelmente teria ficado contente em ficar onde estava, mas meu marido morreu de repente, deixando-me com três filhos pequenos para sustentar. Eu sabia que precisaria de creche em tempo integral e teria que cuidar dos meus filhos em uma parte muito cara do mundo. Isso significava que eu precisava crescer."

Ana começou a se candidatar para cargos de alto potencial e logo começou a trabalhar desenvolvendo novos sistemas para a área jurídica. Ela diz: "Foi um ambiente totalmente diferente. Em vez de engenheiros trabalhando em suas bancadas, estávamos constantemente nos conectando com nossos clientes para que pudéssemos descobrir o que *eles* precisavam. Eu não sabia nada sobre escritórios de advocacia, então comecei a agendar muitas reuniões onde fosse possível para conversar com advogados sobre como eles usavam a tecnologia."

O trabalho de Ana nessas reuniões era fazer perguntas, ouvir e aprender. No começo, isso a deixou desconfortável. "Sentia que eu deveria estar transmitindo informações ou, de alguma forma, mostrando que eu sabia o suficiente para estar lá. Quando eu fazia apresentações no meu antigo emprego, sempre era necessária uma quantidade enorme de preparação. Mas agora o objetivo era fazer com que os advogados falassem e não mostrar a eles o que eu sabia. Desapegar disso foi um pouco assustador. No fundo, eu podia ouvir meu antigo professor rindo e dizendo que isso era demais para o meu caminhãozinho."

Mas, à medida que se tornava mais experiente, Ana começou a perceber que ter respostas era menos importante à medida que progredia, ao passo que forjar relacionamentos era mais importante. Ela disse: "Você não pode ser a expert quando seu domínio é expansivo e seu alcance de controle é amplo. Você precisa confiar em outros. Além disso, você tem menos tempo para se atualizar sobre os detalhes. O resultado é que você tem que confiar nas pessoas e elas têm que confiar em você. E a confiança é construída no dia a dia do engajamento, não por saber cada mínimo detalhe."

QUATRO TIPOS DE PODER

Fazendo pesquisa para o livro *The Web of Inclusion* ["A Rede Inclusiva", em tradução livre], Sally passou metade do dia com Ted Jenkins, o quarto funcionário a ser contratado pela Intel, uma das gigantes da tecnologia que transformou o Vale do Silício em um motor global de inovação. Ted observara a empresa evoluir desde os primórdios. Ele viu engenheiros brilhantes mudarem o mundo e viu engenheiros brilhantes se acabarem.

Na visão de Ted, aqueles que prosperaram entenderam que existem quatro tipos de poder nas organizações.

O primeiro tipo de poder é o poder da expertise, que estamos discutindo. Empresas de conhecimento como a Intel (ou as que empregavam Ashley e Ana) dependem inteiramente do talento humano para criar, refinar, prototipar, fabricar, comercializar, vender e distribuir produtos cujo valor esteja no conhecimento especializado investido em seus processos e design. Como a expertise é necessária para o sucesso, demonstrá-la pode se tornar um esporte competitivo nessas empresas. Mas, como Ana descobriu, cultivar a expertise em detrimento de outros tipos de poder não a posicionaria como líder.

O segundo tipo de poder é o poder das conexões ou o poder de quem você conhece. As conexões geralmente são construídas à medida que você se movimenta na empresa, realiza diferentes tarefas, encontra aliados e mantém contato. Conhecer as pessoas de sua indústria ou setor, bem como clientes-chave e impulsionadores de sua comunidade, também é importante. Conexões servem como um tipo de moeda que você pode usar para fazer recursos se movimentarem e garantir que suas contribuições sejam notadas. Como Ana aprendeu, a supervalorização da expertise pode fazer com que você se sinta relutante em investir tempo na construção de conexões. Mas seus relacionamentos são uma parte cada vez maior de seu valor à medida que você avança.

O terceiro tipo de poder é o poder da autoridade pessoal ou do carisma, que está enraizado na confiança que você passa para os outros. Você raramente começa sua carreira com muita autoridade pessoal; você a constrói ao passo que sua reputação se desenvolve ao longo do tempo. A expertise e as conexões podem ajudar a estabelecer autoridade pessoal, mas sempre há outro elemento: uma presença forte, um espírito distinto, um modo de falar e ouvir que inspira lealdade e confiança, ou um grau incomum de seriedade. A autoridade pessoal é o que diferencia a maioria dos líderes de sucesso, independentemente de sua autoridade estar ou não vinculada à sua posição.

O quarto tipo de poder é o poder da posição, ou onde você está na organização. Marshall gosta de citar Peter Drucker, que notoriamente disse que "a decisão é sempre tomada pela pessoa com o poder de tomar a decisão". Em outras palavras, a pessoa que detém o poder posicional toma as decisões-chave. Essa realidade muitas vezes enfurece os experts, que acreditam que seus insights deveriam valer mais quando se trata de tomar decisões. Talvez eles devessem, mas raramente esse é caso. O poder posicional é mais eficaz quando apoiado pelo poder da autoridade pessoal. Sem isso, outros podem não confiar nas decisões do líder.

Ted Jenkins observou que as organizações são mais saudáveis quando os quatro tipos de poder estão em equilíbrio. Quando o poder posicional anula todos os outros, as decisões tendem a ser feitas arbitrariamente, com informação insuficiente e sem muito apoio. Organizações verdadeiramente tóxicas tendem a ver funcionários com expertise, conexões ou autoridade pessoal como ameaças à autoridade absoluta dos líderes posicionais. Jenkins observou que a principal razão pela qual a Intel teve sucesso em extrair ideias inovadoras de pessoas em todos os níveis foi o valor que a empresa atribuía ao poder não posicional.

O modelo de Ted Jenkins pode ser útil se você tiver um histórico de supervalorização de expertise ou se esperar que ela se traduza em poder posicional. Expertise, conexões e autoridade pessoal são todos tipos de poder não posicionais que você pode nutrir e praticar ao longo de sua carreira. Quanto mais você desenvolver esses poderes complementares, mais preparada estará para assumir o poder posicional.

Uma definição simples de *poder* é "potencial de influência". Se você quer influenciar o mundo de uma forma positiva — assim como quase todas as mulheres com quem trabalhamos querem — você precisa ter poder. Uma das nossas principais motivações para escrever este livro é ajudar as mulheres que já estão fazendo um ótimo trabalho a se tornarem ainda mais influentes e fazerem uma diferença ainda mais positiva no mundo.

Foi o que aconteceu com Ana. À medida que suas conexões e confiança aumentavam, ela percebeu que clientes e colegas de trabalho a viam como alguém em quem podiam confiar. Isso melhorou sua autoridade pessoal. Quando ela finalmente foi nomeada chefe da divisão de serviços profissionais de sua empresa, ela acrescentou poder posicional ao seu portfólio. Ao valorizar menos a expertise e ficar cada vez mais à vontade usando outros tipos de poder, Ana conseguiu ingressar na gerência sênior e garantir o futuro de seus filhos.

A história de Ana repercute em muitas mulheres já que sua ascensão desafiou tantas probabilidades. Como imigrante, ela tinha sido o alvo especial de um professor abertamente chauvinista que fez com ela se sentisse insegura sobre sua expertise em engenharia. Como o único apoio de seus filhos após a morte prematura de seu marido, ela foi repentinamente confrontada com a necessidade de buscar poder posicional para ter renda suficiente. Isso a levou a sair de sua zona de conforto, e ela acabou aprendendo que a capacidade de construir relacionamentos fortes fornecia uma base muito mais sólida para o sucesso do que a expertise que ela buscava cultivar para "jogar na cara" do seu professor. Por desapegar-se da expertise, Ana foi, ironicamente, enfim, capaz de se sentir totalmente confiante como líder e cultivar o poder necessário para subir ao topo.

CAPÍTULO 8

Hábito 4: Construir em Vez de Usufruir de Relacionamentos

Muitas vezes perguntamos às mulheres com quem trabalhamos o que elas diriam ser o seu ponto forte. A maioria cita sua capacidade de construir relacionamentos fortes, especialmente com clientes, colegas e subordinados. Pesquisas confirmam essa percepção. Por exemplo, em dois estudos globais recentes, líderes seniores deram a suas funcionárias notas mais altas nos quesitos motivar e engajar outras pessoas, construir equipes fortes, negociar visando o ganho mútuo, ouvir com empatia e desenvolver a autoestima de outros — todas essas são habilidades enraizadas em um talento para relacionamentos.

No entanto essas descobertas apresentam um enigma.

Dado o consenso de que muitas mulheres têm excelentes habilidades interpessoais, e pensando que as organizações veem cada vez mais a capacidade de construir relacionamentos fortes como uma habilidade vital de liderança, *por que as mulheres não se beneficiam mais desse ponto forte?* Por que isso não as tem impulsionado para níveis cada vez mais altos em suas organizações? Por que, quando se trata de alcançar posições de liderança, muitas mulheres que são ótimas para construir relacionamentos não chegam ao topo?

Nossa experiência aponta para uma resposta.

Com o passar dos anos, percebemos que, embora as mulheres muitas vezes sejam fantásticas para construir relacionamentos, elas tendem a ser menos habilidosas em usufruir de relacionamentos. Ou talvez não é que sejam menos habilidosas, mas relutam em fazer isso. Claro, isso não se aplica a todas as mulheres. Conhecemos muitas que são excelentes nesse aspecto: sutis, carismáticas e estratégicas. Essas mulheres desfrutam ativamente de conexões que beneficiam não apenas suas organizações e uma ampla gama de pessoas, mas também e muito enfaticamente elas mesmas.

No entanto também vemos mulheres talentosas e trabalhadoras que se revoltam com a ideia de envolver outras pessoas para ajudá-las a alcançar metas de carreira específicas ou de longo prazo. Elas, de bom grado, gastarão tempo e energia conhecendo pessoas, oferecendo-lhes ajuda, ouvindo seus problemas, dando conselhos e trazendo-as para perto. Mas elas fogem da perspectiva de envolvê-las de uma maneira que promova suas próprias ambições.

Quando perguntamos às mulheres quem se sente desconfortável com a ideia de usufruir de relacionamentos, geralmente ouvimos alguma versão das seguintes frases:

"Eu não quero que os outros pensem que eles estão sendo usados por mim."

"Eu quero que as pessoas saibam que eu as valorizo por serem quem elas são, não pelo que podem fazer por mim."

"Eu não gosto de pessoas egoístas e eu não quero ser uma."

"Basicamente, eu não sou interesseira."

"Joguinhos não são a minha praia."

Essas declarações deixam clara a crença subjacente de que usufruir de relacionamentos significa não ser uma pessoa muito boa. Isso é problemático porque usufruir de relacionamentos é fundamental para alcançar o sucesso profissional.

Hábito 4: Construir em Vez de Usufruir de Relacionamentos

A maioria das grandes carreiras é construída não apenas no talento ou no trabalho árduo, mas na troca mútua de benefícios, algo com que os homens costumam se sentir mais confortáveis que as mulheres. Há um tipo de negociação, na qual todos saem ganhando, que parece ser natural para muitos homens. Eles gostam disso. Eles se sentem confortáveis em dizer *se você ficar do meu lado nesse assunto, eu apoiarei você quando precisar.* Ter um relacionamento próximo com alguém é geralmente menos importante para eles do que poder contar com o apoio dessa pessoa quando eles precisarem. Esse é um comportamento padrão na maioria das organizações. Então, mulheres que não se sentem confortáveis em desenvolver parcerias nas quais todos saem ganhando podem se colocar em desvantagem.

Julie Johnson, a coach executiva mencionada no Capítulo 2, concorda. Ela diz: "Pelo que pude notar, quando os homens constroem relacionamentos no trabalho, eles geralmente são muito focados. Eles buscam pessoas que eles acreditam poder ajudá-los a alcançar seus objetivos. As mulheres geralmente têm vários motivos para desenvolver relacionamentos. Elas admiram uma colega bem-sucedida e a querem como amiga. Elas precisam de alguém para conversar sobre o seu trabalho. Elas sentem pena de um colega de trabalho e querem ajudá-lo. Elas só querem que as pessoas em geral gostem delas. Ou talvez elas mantenham uma amizade que não acrescenta mais em nome da lealdade."

Nenhuma dessas motivações (exceto às vezes a última) é prejudicial em si mesma, aponta Julie. E construir relacionamentos íntimos pode ser pessoalmente recompensador e pode dar apoio emocional, ambos importantes, especialmente para as mulheres que se sentem isoladas em seus empregos. Mas, se você se recusar firmemente a usufruir de relacionamentos para atingir suas metas, diminuirá sua capacidade de atingir todo o seu potencial.

E isso seria uma pena. Pois a sua relutância não apenas a privará da ajuda necessária para seguir os seus sonhos e desenvolver seus talentos, mas também prejudicará seus esforços de apoiar colegas e subordinados. Ao restringir sua esfera de influência e não se envolver no que você chama de joguinhos desagradáveis, você acabará por corroer sua capacidade de fazer a diferença no mundo.

PRINCÍPIOS BÁSICOS SOBRE USUFRUIR DE RELACIONAMENTOS

Usufruir de relacionamentos é uma habilidade profissional essencial, uma forma estratégica de agir que pode gerar recompensas imensuráveis. Líderes de sucesso sabem como empregá-la. Eles podem ser sutis ou diretos, dependendo da sua preferência pessoal. Mas se você se deparar com alguém que tenha real importância como líder, pode apostar que ele ou ela aproveita cada chance que tiver.

Mesmo que você se sinta desconfortável ou cética quanto a ideia de "usufruir", pode se beneficiar de entender os princípios básicos de como isso funciona. Isso se difere de construir relacionamentos em quatro maneiras.

1. Usufruir de relacionamentos é sempre recíproco, baseado em um *quid pro quo.*

A premissa implícita é: *você me ajuda e eu ajudo você.* Essa reciprocidade pode ser declarada e explicitamente prometida, ou pode ser implícita e tacitamente entendida. Mas usufruir de relacionamentos sempre visa o benefício mútuo. Quando você pede algo, você oferece algo em troca, e você e a outra pessoa continuam tentando ser úteis uma para a outra.

Usufruir pode ser a base de um relacionamento, ou apenas um aspecto de um relacionamento que também tem uma dimensão pessoal. O ponto é que ambas as pessoas envolvidas entendem que elas estão se usando mutuamente para melhorar seu acesso a recursos, ampliar suas conexões profissionais e criar oportunidades mutuamente benéficas. A crença implícita é que "juntos somos mais fortes".

2. Essa habilidade é usada para atingir metas táticas e estratégicas.

Você começa a usar essa habilidade quando faz um pedido. Normalmente, o pedido é pequeno e específico: *Eu represento um artista cujas obras são perfeitas para lobbies de hotéis. Você conhece alguém do ramo hoteleiro que possa me apresentar a revendedores que compram arte para suas propriedades?* Ou mais simples: *Você estaria disposto a compartilhar suas percepções sobre o que motiva esse cliente?*

Esses são favores táticos, pois ajudam você a alcançar objetivos imediatos, coisas que seriam úteis para você nesta semana, neste mês, neste ano. No entanto, em sua forma mais eficaz, usufruir de relacionamentos também serve ao propósito estratégico mais amplo de engajar aqueles que podem ser úteis para você no futuro. Seu pedido tático abre a porta para um "dar e receber" que não pode pagar dividendos imediatos, mas pode ajudá-la a conquistar uma meta de longo prazo. A pessoa a quem você faz a solicitação também verá o relacionamento como tendo valor potencial quando ela subir para um nível mais alto. Esse tipo de reciprocidade funciona melhor quando seus objetivos estão em harmonia e complementam os das pessoas que você procura engajar.

3. Usufruir de relacionamentos é altamente intencional.

Você desenvolve e usufrui de relacionamentos com um propósito específico em mente, o que significa que você usa critérios diferentes do que quando desenvolve uma amizade. A pessoa que você quer engajar tem relacionamentos que podem ser úteis para você agora ou no futuro? Ela parece pronta para se tornar mais poderosa com o tempo? Há algo que você esteja especialmente bem posicionada para oferecer agora que possa fazer com que ela queira se tornar um recurso para você no futuro?

Gostar da outra pessoa não é o foco principal, embora nunca seja uma boa ideia procurar um relacionamento recíproco com alguém de quem você não gosta. Esse caminho leva à exploração mútua, que pode se parecer muito com usufruir, mas tem o potencial de criar uma bela bagunça. Mais importante do que como você se sente em relação à pessoa é o quão bem vocês estão posicionados para serem úteis um para o outro ao longo do tempo. Isso é o que distingue usufruir de relacionamentos de ter uma amizade, embora os dois possam acontecer ao mesmo tempo, e muitas vezes o façam.

4. Usufruir de relacionamentos traz recompensas distintas.

No capítulo anterior, examinamos a diferença entre recompensas intrínsecas e extrínsecas com relação à maestria e o reconhecimento. Esses conceitos também se aplicam a usufruir de relacionamentos. Na amizade e nas relações simples entre colegas, as recompensas são intrínsecas, o que significa que são altamente pessoais e subjetivas. Você gosta de como alguém faz você se sentir, gosta de seu senso de humor, você se sente inspirada ou consolada depois de falar com ela.

Quando usufruímos de relacionamentos, as recompensas são extrínsecas, o que significa que são mensuráveis e concretas. Você ganha acesso a um novo grupo de clientes ou investidores em potencial. Você tem uma oportunidade de melhorar sua reputação e visibilidade ou de aprender uma nova habilidade. Quando usufrui de relacionamentos, seu propósito é sempre o mais importante. Isso não significa que você não respeita nem gosta de passar tempo com a outra pessoa. Mas as recompensas intrínsecas são um bônus em vez de o objetivo principal.

POR UMA BOA CAUSA

Os aspectos transacionais, táticos, estratégicos e intencionais de usufruir de relacionamentos podem ser um obstáculo para as mulheres. A importância que as mulheres atribuem aos relacionamentos geralmente as torna mais interessadas em buscar amizades pessoais que ofereçam recompensas intrínsecas do que cultivar conexões e coletar fichas para

Hábito 4: Construir em Vez de Usufruir de Relacionamentos

.uso futuro. As mulheres que se recusam a usufruir de relacionamentos geralmente veem os relacionamentos sem interesse como mais puros, prova de que você é uma pessoa digna de confiança e de respeito. Focar o relacionamento como uma moeda de troca pode dar a entender que você tem um plano escondido e está pensando só em si mesma.

Existem dois problemas com esse tipo de pensamento.

O primeiro é que ele assume um grau de impotência de sua parte.

Isso ocorre porque a motivação implícita de "você me ajuda e eu ajudo você" é a promessa implícita de que *você* tem o potencial de ser útil para a pessoa com quem você está envolvida. Você não é apenas uma pobre alma pedindo ajuda. Você é um recurso em potencial que a outra pessoa teria a sorte de ter nos próximos anos.

Em outras palavras, utilizar essa habilidade é uma maneira sutil de sugerir que você tem potencial. Você é um recurso cuja ajuda pode ser útil. Recusar-se a se envolver dessa maneira com base no fato de você não querer "usar" a outra pessoa dá a entender que você não se vê como tendo esse tipo de poder. Ou que você nem imagina que a outra pessoa pensaria que ter um relacionamento com você seria uma vantagem.

O segundo problema em ver usufruir de relacionamentos como um comportamento moralmente suspeito é que ele revela aquela mentalidade habitual do 8/80 que falamos neste livro.

Ou você é uma pessoa maravilhosa com intenções puras que não pensa em seu próprio progresso, *ou* você é uma conspiradora que usa os outros para alcançar seus próprios objetivos. *Ou* você está motivada pelo desejo da amizade sem interesse, *ou* só pensa em você mesma. Esse tipo de pensamento não permite um meio-termo, não existe uma forma de ser uma pessoa boa e prestativa, que também seja capaz de buscar seus próprios objetivos.

A mentalidade do 8/80 fica mais evidente quando uma mulher que despreza usufruir de relacionamentos em sua carreira fica perfeitamente à vontade para fazê-lo a serviço de uma boa causa. Isso é bem comum.

Veja o exemplo de Amanda, uma coordenadora de produtos para um fabricante de dispositivos médicos. A empresa de Amanda tem uma reputação global e tem muito orgulho de seus produtos. Recentemente, ela foi abordada por um dos principais vendedores de sua empresa sobre o hospital onde trabalhou anteriormente como administradora. Amanda manteve seus laços com muitos de seus antigos colegas, não porque são clientes em potencial — seu trabalho é mais voltado para o pessoal interno —, mas porque ela amava a camaradagem de sua antiga equipe.

Ela disse: "Kevin me pediu para apresentá-lo a algumas das pessoas seniores que eu conhecia para que ele pudesse se conectar com elas para falar sobre alguns de nossos produtos. Eu me senti desconfortável com isso por várias razões. Vejo essas pessoas como amigas pessoais e não quero que elas se sintam pressionadas. Ele é um verdadeiro especialista em vendas e conhecido por ser bastante intenso. Além disso, Kevin nunca mostrou um pingo de interesse em mim, até que ele descobriu que eu já tinha trabalhado naquele hospital. Ele não parece se importar comigo como pessoa, então por que eu deveria ajudá-lo?"

Amanda não queria simplesmente dizer não, então ela tentou evitar Kevin. "Eu estava esperando que ele entendesse o recado que eu não estava interessada, mas ele continuou a me ligar e a me pressionar. Realmente, ele continuou tentando descaradamente."

Talvez sim, mas esse não é um bom motivo para Amanda rejeitar a oportunidade de fazer um simples favor para uma das estrelas de sua empresa, alguém que tem uma forte trajetória pela frente. Se ela quisesse proteger seus amigos no hospital, ela poderia ter perguntado se eles se importariam que ela os apresentasse. Ou ela poderia ter dito para eles mesmos decidirem se deveriam atender quando Kevin ligasse. E, como ela sabe que os produtos de sua empresa são superiores, a conexão poderia ter sido uma vantagem para seus amigos de longa data. A única coisa que Amanda estava realmente protegendo era sua própria crença de que usufruir de relacionamentos em favor do interesse próprio era uma prática desagradável e interesseira.

No entanto, ao mesmo tempo em que estava ignorando Kevin, Amanda estava forjando conexões e se desdobrando em prol de um abrigo para vítimas de violência doméstica que abrira em sua comunidade: ligando para os vizinhos para que eles comprassem entradas para o evento beneficente e recrutando colegas como voluntários. Ao assumir a causa das mulheres que buscavam refúgio, Amanda não estava nem um pouco preocupada com o fato de que pressionar as pessoas com as quais ela tinha amizade fosse se aproveitar delas ou pressioná-las. Como ela via o objetivo como sendo digno, estava perfeitamente à vontade ao empregar as mesmas táticas "descaradas" de Kevin. Não eram às táticas que ela se opunha, mas usar essas táticas ao buscar seus próprios interesses.

USE SEU PONTO FORTE

Nossa experiência nos convenceu de que usufruir de relacionamentos é uma habilidade profissional vital que muitas mulheres poderiam usar melhor à medida que buscam chegar ao topo. Mas também reconhecemos que as inibições que muitas sentem ao fazer uso dessa habilidade estão enraizadas em um dos pontos fortes mais profundos e característicos das mulheres.

Décadas de pesquisa confirmam que a preferência das mulheres por construir relacionamentos pessoais fortes em vez de alianças transacionais lhes servem como uma grande fonte de fortaleza emocional, resiliência de longo prazo e alegria cotidiana. As amizades íntimas das mulheres são um benefício para elas e a inveja de muitos homens, que desejam poder conversar mais intimamente com os amigos quando estão com problemas, deprimidos ou se sentem sozinhos.

Então, por favor, não pense que estamos pedindo para você desvalorizar seu dom para intimidade ou diminuir sua bondade e sua preocupação com os outros em favor de uma abordagem de usufruto. Em vez disso, você pode pensar em como usar suas habilidades para forjar conexões profundas enquanto busca também tornar mais intencional a construção de relacionamentos que podem ser vantajosos para você no futuro. Essa é certamente a abordagem adotada pelas mulheres que são excelentes em usufruir de relacionamentos, e é por isso que seus esforços podem ser tão convincentes e magnéticos.

Você também pode examinar o grau em que a sua recusa de qualquer elemento *quid pro quo* nos relacionamentos é baseada em um julgamento moralista. É bom lembrar que usufruir de relacionamentos é uma via de mão dupla e que, mesmo quando você se beneficia, você também está beneficiando outra pessoa. Usufruir de relacionamentos de forma bem-sucedida é a própria definição de um ganho mútuo: é bom para você e é bom para a outra pessoa. E quanto mais genuinamente os outros perceberem que você está profundamente envolvida na mutualidade do relacionamento, mais valor você criará para eles e para o mundo.

CAPÍTULO 9

Hábito 5: Não Recrutar Aliados desde o Primeiro Dia

Você está começando um novo trabalho. Pode ser em uma nova empresa ou em uma divisão nova da empresa na qual você já trabalha há dez anos. Como Ana, a engenheira do Vale do Silício do Capítulo 7, você talvez sinta que é muito para o seu caminhãozinho. Você é uma novata quando se trata de certas habilidades. Você não sabe como obter os recursos de que precisa e não sabe a quem perguntar. Sua chefe parece amigável e bem-informada, mas ela está no meio de uma onda de contratações e você não quer importuná-la com perguntas.

Mas você precisa se atualizar rápido. Então, decide se concentrar em aprender o máximo possível, estudando as pilhas de material que o RH forneceu e se aprofundando nos detalhes do seu trabalho. Quando entender melhor o que está fazendo, voltará ao mundo real e começará a criar conexões.

Se esse for o seu plano, por favor, não siga em frente. Você está prestes a cometer um erro muito comum. É um erro que observamos que muitas mulheres talentosas tendem a cometer, muitas vezes como consequência da supervalorização da expertise (Hábito 3) ou da relutância em usufruir de relacionamentos (Hábito 4). Às vezes, é uma maneira de evitar a famosa síndrome feminina da impostora, o medo de ser desmascarada como não merecedora ou não apta ao cargo. Às vezes você tem receio de ser vista como um fardo. Seja qual for a causa, essa raramente é uma abordagem eficaz.

No entanto ela ainda perdura. As mulheres que são promovidas a novos cargos resolvem ficar no canto delas até que tenham dominado os detalhes e estejam confiantes de que podem trabalhar em certo nível. Elas querem se sentir totalmente preparadas antes de começarem a construir relacionamentos.

Em contraste, os homens quando estão em novos cargos geralmente começam com a pergunta: "Com quem devo me conectar para fazer um ótimo trabalho?" Eles veem o caminho para o sucesso não como uma questão de *o que* ou *como*, mas de *quem*. Eles veem as conexões como a parte mais importante de seu trabalho e querem começar a construí-las no primeiro dia.

Qual é o resultado dessa abordagem centrada em *quem*? Mais apoio. Melhor posicionamento. Maior visibilidade. Menos isolamento.

E, não por acaso, *muito menos trabalho.*

É claro, também vemos mulheres que começam a construir conexões imediatamente; pessoas bem-sucedidas e experientes que sabem que a expertise é apenas uma fonte de poder e raramente a mais importante. Essas mulheres reconhecem que ficar presa aos detalhes é particularmente ruim no início de um trabalho ou de um projeto, quando você mais precisa de apoio.

Mas para outras mulheres leva um tempo para descobrir isso, especialmente em empresas ou setores em que elas sempre foram a minoria. Se essa é a sua situação, talvez você se sinta desconfortável ou cética quanto ao fato de seus colegas de trabalho, em sua maioria do sexo masculino, quererem conhecê-la. Ou você pode estar convencida de que precisa ganhar o respeito deles antes mesmo de abordá-los.

Qual caminho você escolhe geralmente está relacionado ao que você acredita ser o que lhe dá crédito no trabalho. É o que você faz ou com quem você se alia? Claro que sempre serão os dois. Se você tem ótimas conexões, mas não entrega resultados, nunca inspirará confiança. Mas as conexões construídas, logo no primeiro dia, em conjunto com a sua expertise, tornarão o caminho mais fácil. Para ser totalmente reconhecida, você sempre precisará de aliados.

Aliados são colegas, superiores, patrocinadores, subordinados e fãs internos e externos que apoiam seus esforços para chegar aonde você quer ir. Os aliados sabem o que você está tentando alcançar, acreditam que isso tem valor, sentem que é do interesse deles e fazem o que podem para levar você adiante. Eles ajudam você a encontrar os recursos necessários para realizar uma tarefa difícil. E eles fazem propaganda das suas contribuições.

Você faz o mesmo por eles, porque os aliados ajudam uns aos outros, e a mutualidade está na raiz da aliança. Aliados também estão alicerçados na diversidade. Pessoas nos cargos mais baixos da empresa podem ser aliadas valiosas, assim como aquelas que ocupam cargos nas linhas de frente, no suporte ou fornecendo recursos. Quanto mais inclusiva for sua rede de aliados, mais robusto será seu apoio.

Os aliados são o coração e a alma de uma carreira de sucesso.

Aliados não precisam ser amigos. Pessoas com redes expansivas e resilientes têm dezenas de conhecidos que podem permanecer assim por décadas sem se tornar próximos pessoalmente. Os sociólogos chamam essas relações de "laços fracos" e observam que as pessoas estão mais propensas a encontrar empregos e serem recompensadas por seus esforços como resultado de laços fracos, do que o tipo de laços fortes que caracterizam amizades próximas.

Os pesquisadores descobriram que pessoas com muitos laços fracos ou fortes redes de aliados compartilham duas práticas em comum. Elas entram em contato com os outros em vez de esperar que os outros venham até elas. E elas fazem de tudo para conectar as pessoas umas com as outras — até pessoas que elas não necessariamente conhecem.

Compare isso com Amanda do capítulo anterior. Ao recusar conectar Kevin com seus amigos no hospital, ela citou em parte que ele nunca pareceu "se importar com ela como pessoa". Se ela entendesse o poder dos laços fracos, ela não veria isso como um problema. Ela saberia que seria bom para ela recrutar Kevin como aliado, independentemente de seu potencial — ou não — para ser um amigo, e de bom grado o conectaria com seus antigos colegas. Ela teria visto o valor de tê-lo em sua rede de conexões.

ALIADOS, MENTORES E PATROCINADORES

Nos anos 1990 e no início dos anos 2000, as mulheres foram exortadas a encontrar mentores: superiores experientes que pudessem dar orientação e aconselhamento. A ideia tornou-se institucionalizada em muitas organizações, com o RH criando círculos de mentores ou até mesmo contratando mentores profissionais para trabalhar com grupos de mulheres. Mas, em 2011, a organização de pesquisa Catalyst publicou um estudo que descobriu que, embora a mentoria pudesse ser útil, o *patrocínio* era o principal fator de sucesso nas carreiras das mulheres.

A ideia decolou.

Mentores e patrocinadores são diferentes, pois os mentores dão conselhos e servem como avaliadores de novas ideias, enquanto os patrocinadores falam menos e agem mais.

Um patrocinador, geralmente um líder sênior em sua organização, serve como seu defensor, coloca seu nome no topo da lista para tarefas, apresenta você a colegas importantes e ajuda a remover bloqueios estruturais que poderiam mantê-la estagnada.

Obviamente, os patrocinadores podem ser de grande valor. Mas há apenas um problema: é muito difícil achá-los e envolvê-los. Isso porque existe um abismo entre o número de mulheres que procuram patrocinadores e o número de mulheres ou homens disponíveis para serem patrocinadores. Uma vez que organizações costumam ter uma estrutura de pirâmide, simplesmente não existem muitas pessoas no topo.

Como uma mulher do comitê executivo de uma grande empresa de seguros comentou com Sally: "Mal consigo abrir a porta do meu escritório sem que alguém venha falar comigo para eu ser uma patrocinadora. Há tanta ênfase no patrocínio para as mulheres, mas há um número limitado de pessoas por aí. Além disso, iniciativas formais de patrocínio parecem ter sucesso limitado. Esses tipos de relacionamentos funcionam melhor quando há um elemento de química pessoal. Então, eles são mais eficazes se evoluírem naturalmente."

Ela acrescentou: "Não é saudável que tantas mulheres acreditem que o patrocínio é a única maneira de seguir em frente; uma espécie de varinha mágica que transformará toda a sua carreira. E as mulheres que não conseguiram encontrar patrocinadores sentem que foram rotuladas como indignas. Elas começam a se culpar em vez de perceber que é um problema estrutural."

No entanto a maioria das mulheres seniores conseguiu chegar aonde estão sem um patrocinador para ajudá-las, como aponta a executiva de seguros. "Falando por mim mesma, teria sido maravilhoso ter alguém poderoso na empresa do meu lado, mas 25 anos atrás ninguém nunca tinha ouvido falar de mulheres tendo esse tipo de apoio, pelo menos não nesta empresa. Havia apenas altos executivos do sexo masculino e os protegidos que eles escolhiam promover, também conhecidos como o *Clube do Bolinha* versão sênior."

Os patrocinadores são um tipo valioso de aliado, mas não são o único tipo. Então, se você está tendo dificuldade para encontrar um, sua melhor resposta será usar essa energia na construção de uma ampla rede de aliados. Isso não apenas a fortalecerá, mas também aumentará a probabilidade de você encontrar um patrocinador, dando-lhe mais visibilidade e assegurando que suas contribuições sejam mais conhecidas.

Sheryl Sandberg, que sem dúvida recebeu um número astronômico de pedidos de patrocínio por várias décadas durante sua ascensão no

Google e depois no Facebook, escreve em seu livro *Faça Acontecer* que os patrocinadores em potencial se sentem mais atraídos por pessoas que já têm muito apoio. Em sua opinião, os patrocinadores são motivados a fazer esforços por aqueles que já são considerados como estando no caminho para o sucesso, em vez de por aqueles que esperam ser resgatados ou que estão esperando que alguém os note. E uma das formas de sinalizar que você está nesse caminho é construir ativamente sua rede de conexões.

Em seu relatório original, a Catalyst também observou que o patrocínio é mais eficaz quando é conquistado. Como os autores observaram: "Para atrair patrocinadores, os funcionários precisam tornar suas habilidades, seus pontos fortes e seu trabalho conhecidos tanto pelos colegas quanto pelos líderes seniores. Eles devem construir reputações como profissionais flexíveis e amigáveis que estão consistentemente comprometidos com o desenvolvimento de suas próprias carreiras."

Como você faz isso? Envolvendo ativamente os aliados.

De preferência desde o dia em que você inicia em um novo emprego.

A EMBAIXADORA

Dianna, advogada de uma grande empresa da indústria de minérios sediada em Melbourne, Austrália, sempre foi diligente em construir conexões. Como resultado, ela atraiu um excelente patrocinador que foi crucial para que ela conseguisse um emprego em Singapura, onde foi contratada para liderar a equipe jurídica na grande e lucrativa divisão de exportação da empresa.

Dianna diz: "Cheguei sem saber nada sobre a lei marítima, que é extremamente complexa e não poderia ser mais diferente do que o que eu estava fazendo. Nem preciso dizer que me senti um pouco confusa. Eu disse ao meu chefe que pretendia passar a maior parte do tempo me atualizando sobre o ramo, mas isso definitivamente não era o que ele queria ouvir."

Seu chefe disse a Dianna que ele não a tinha contratado porque precisava de outro excelente advogado marítimo. "Ele disse que os caras que ele tinha eram extremamente experientes. Mas eles tinham um histórico de trapacear entre si, reter informações uns dos outros e geralmente deixar nossos clientes de fora. Eu tinha liderado algumas equipes de sucesso no meu antigo emprego e ele queria que eu fizesse o mesmo aqui. Suas exatas palavras foram: 'Você não estaria aqui se não fosse uma boa advogada, mas você não está aqui para ser uma boa advogada. Você está aqui para ser uma líder. Esse é o seu trabalho.'"

Dianna sabia que ela tinha que começar a construir relacionamentos, mas rapidamente percebeu que o pior lugar para começar a fazer isso era dentro de sua equipe. Ela disse: "Desde a primeira reunião, os caras deixaram claro que me viam como uma estranha não qualificada, que tinha sido jogada de paraquedas lá pela sede da empresa para assumir um cargo que um deles merecia. O fato de eu ser uma mulher certamente não ajudava — era uma cultura incrivelmente machista. Eles tinham exatamente zero interesse em me ver sendo bem-sucedida, e você podia sentir o ressentimento no ar. Tudo o que eu podia fazer era ser agradável e não deixar que eles me fizessem de boba. Tentar fazer amizade com eles teria sido um desastre."

Em vez disso, Dianna começou a procurar pessoas em outros departamentos que pudessem ajudá-la a acessar informações e fazer as coisas andarem, e a entrar em contato com clientes e fornecedores que sua equipe estava ignorando há tempos. Ela disse: "No começo, fiquei constrangida porque estava muito atrasada em termos de expertise marítima, mas decidi que a honestidade era a melhor política. Eu me preparava para cada reunião fazendo listas de perguntas. Sendo uma advogada por formação, eu estava acostumada a fornecer *respostas*, então este foi um novo comportamento para mim. Mas isso me ensinou a assumir riscos e a ser mais aberta. E é claro que aprendi muito."

Quando tinha pegado o espírito da coisa, Dianna começou a se juntar a grupos comerciais regionais, fazendo uma imersão na rica cultura marítima de Singapura. Depois de alguns eventos, ela percebeu que várias conexões de seu trabalho anterior poderiam ser úteis para as pessoas que estava conhecendo, especialmente clientes que procuravam expandir seus portfólios comerciais.

Ela disse: "Fiquei surpresa ao descobrir que a rede que eu havia construído na Austrália me dava uma moeda de troca que eu poderia usar no mundo dos transportes marítimos. Além disso, funcionários internos começaram a me ver como uma maneira de construir suas próprias conexões na sede. Sem querer, tornei-me uma espécie de embaixadora da nossa empresa em Singapura. Isso me deu muita visibilidade e força".

Conforme a rede de Dianna se expandia, ela começou a compartilhar recursos e conexões com membros de sua equipe. "Nós estávamos em uma reunião e alguém trazia um problema. Em vez de tentar dar uma resposta, eu dizia: 'Acho que Joe, de Operações, poderia ajudá-lo com isso. Vou ligar para ele depois dessa reunião.' Ou: 'Eu conheço um cliente em Mumbai que adoraria sua sugestão.' Compartilhar contatos desse modo foi realmente útil porque, como a maioria das equipes disfuncionais, as pessoas com quem trabalhava só olhavam para si mesmas. Quando viram que eu poderia ajudá-los, eles baixaram a guarda. Eu sabia que tinha sido bem-sucedida quando dois dos caras que mais tinham ressentimento de mim começaram a pedir minha opinião sobre um projeto."

Hoje, Dianna é uma executiva em Melbourne e pensa em seus anos em Singapura como um divisor de águas em sua carreira. "Em vez de me ver como uma advogada inteligente, que ganhava pontos com base no meu conhecimento da lei, comecei a me ver como uma líder que extraía o melhor das pessoas e podia ajudá-las a se conectar em todos os continentes. Eu nunca estaria onde estou agora se não tivesse sido forçada a reconhecer que as alianças são mais importantes do que o conhecimento."

ALIADOS SÃO A SUA MARCA

Desde a publicação da icônica matéria de capa de Tom Peters na *Fast Company*, "The Brand Called You" [A Marca Você, em tradução livre], publicada em 1997, as pessoas têm compreendido a importância da construção de uma marca pessoal distinta. Quando você pensa em sua marca, você pode pensar em termos de suas habilidades, sua reputação e como você se apresenta. Todos esses elementos compõem sua marca. Mas, assim como Dianna aprendeu quando assumiu seu papel de embaixadora em Singapura, suas alianças também fazem parte de sua marca.

As pessoas que fazem marketing pessoal com eficácia entendem isso. Elas sabem que alianças e conexões os consolidam como líderes em potencial. É por isso que elas podem mencionar os nomes dos colegas sem nenhum desconforto. E ficam felizes que seus colegas estejam fazendo o mesmo.

Mencionar nomes de pessoas importantes no meio da conversa não é visto com bons olhos, mas na verdade só é um problema se você tiver pouca ou nenhuma ligação com as pessoas que você diz conhecer. Se essas pessoas *estiverem* em sua órbita, compartilhar essas informações não é apenas uma ótima maneira de melhorar sua marca, mas um meio poderoso de criar credibilidade. Você é conhecida pelos colegas que decide ter por perto. Você também está falando sobre eles de uma forma que os ajuda!

As alianças sempre foram uma grande parte da marca de Marshall como coach executivo, autor e pensador em liderança, porque ter pessoas poderosas para falar de você é a melhor maneira de se consolidar em um mercado competitivo. Como coach, Marshall não esconde a simplicidade de sua técnica, que é baseada em algumas etapas muito diretas: pedir feedback, agradecer, fazer follow-up, anunciar e fazer feedforward (como você verá no Capítulo 19). Dada essa simplicidade, como ele conseguiu uma cartela de clientes que inclui os CEOs mais importantes do mundo? Usando positivamente o poder de suas conexões para construir sua credibilidade como coach e ajudar seus clientes a se ajudarem mutuamente.

Essas conexões incluem seus clientes. Muitos coaches mantêm em sigilo os nomes de seus clientes, ao passo que Marshall só trabalha com clientes que estão dispostos a falar abertamente que eles têm um coach.

Marshall sempre diz que ele aprendeu mais com seus clientes do que eles aprenderam com ele. Ele tem muito orgulho de seus clientes — e eles ficam felizes em ajudá-lo. Por exemplo, seu livro *O Efeito Gatilho* foi endossado por 27 grandes CEOs. Essa é uma grande fonte de orgulho para Marshall. Por quê? Porque há 30 anos quase nenhum CEO admitiria ter um coach — eles achariam que isso era um sinal de fraqueza. Hoje, CEOs inteligentes ficam felizes em ter um coach — e estão dispostos a falar sobre isso.

Frequentemente, Marshall convida seus clientes para jantar e discutir como eles podem ajudar uns aos outros. Ele fica bem à vontade com o fato de que seus clientes geralmente aprendem mais uns com os outros do que aprendem com ele. Esse tipo de colaboração é benéfico para todos os envolvidos.

Essa estratégia tem múltiplos benefícios. Define seus clientes como parte de uma elite de pessoas que gostam de aprender. Faz com que eles tenham acesso e possam conversar com outras pessoas que estão no topo, o que é um recurso escasso nos níveis mais altos. Cria relações comerciais em potencial, melhora a visibilidade de todos e fortalece a reputação de Marshall como coach com sua lista de clientes nota 1.000.

Você pode usar uma versão dessa abordagem começando onde você está, usando o que você tem e quem você conhece.

Quando você recrutar aliados para um projeto, certifique-se de falar sobre eles de maneira positiva. Elogie o que eles estão fazendo e conecte-os com os outros. Você não precisa ser a maior extrovertida do mundo para fazer isso. Você não precisa tentar fazer amigos ou formar laços estreitos. Você só precisa envolver o maior número de pessoas possível em seus esforços para ter um impacto. E você deve fazer isso em público para que você e eles possam se beneficiar da associação.

O momento ideal para fazer isso é quando você está começando em um novo cargo. Isso lhe trará apoio e consolidará sua credibilidade mais rapidamente do que qualquer outra coisa que você possa tentar. Mas também é uma técnica útil se você já estiver em seu cargo há um tempo. Pergunte a si mesma: qual deve ser meu próximo passo aqui? Em qual projeto eu gostaria de me envolver? Em seguida, identifique cinco pessoas que poderiam ser úteis e comece a dizer a elas o que você deseja fazer.

Você pode dizer: "Carol, gostaria de expandir minha cartela de clientes na região 'x'. Você conhece alguém com quem eu possa entrar em contato? Eu vou falar para eles do bom trabalho que a sua equipe está fazendo." Ou: "Ben, eu ouvi que você contratou aquele grupo de comédia que se apresentou em nosso último retiro. Você poderia me dizer como você os encontrou? Estou planejando um evento para meus contatos profissionais. Gostaria de ir?"

Essas são pequenas perguntas e propostas, mas esse não é o ponto. A ideia é começar a atrair pessoas para a sua rede, pedindo e devolvendo pequenos favores. A disposição de trocar favores e formar alianças é a força vital de uma carreira de sucesso. Por isso, sinta-se à vontade para tomar a iniciativa na primeira oportunidade.

CAPÍTULO 10

Hábito 6: Colocar Seu Emprego à Frente de Sua Carreira

Nós costumamos trabalhar com mulheres inteligentes, talentosas e esforçadas que rapidamente chegam a um dado nível e depois permanecem lá por um tempo demasiadamente longo. Essas mulheres muitas vezes racionalizam sua situação, citando coisas de que gostam em seus empregos, como a comodidade de relacionamentos de longo prazo e a capacidade de usar habilidades que tiveram a oportunidade de aprimorar.

Mas no fundo muitas delas se sentem frustradas. Elas observam colegas que entraram na empresa no mesmo ano progredirem muito mais rápido. Veem alguém que *elas* contrataram conseguir uma vaga de alto nível que elas esperavam conseguir. Observam seu salário aumentar pouco, apesar de seu excelente desempenho, porque as políticas de sua empresa fixam o salário ao cargo.

Se você estiver assim, você talvez tenha dedicado tanto tempo e energia a fazer o seu trabalho de forma perfeita que você acabou negligenciando dar os passos necessários para alcançar o próximo nível. Talvez você não tenha criado a visibilidade e as conexões necessárias para criar uma demanda por suas habilidades. Talvez você já tenha enviado tantos sinais de que gosta de estar onde está que as pessoas não pensam mais no seu nome quando uma posição de nível mais alto fica disponível.

Se isso a descreve, você provavelmente está se concentrando no seu emprego à custa de sua carreira. Você está vendo o que está à sua frente agora, em vez de enxergar o quadro geral. Você está sacrificando suas perspectivas de longo prazo pelo emprego de hoje.

Claro, você pode amar o seu trabalho e sentir que é ótimo para você, então sua relutância é compreensível. Mas permanecer estagnada nunca é uma boa ideia. Permanecer no mesmo emprego por muito tempo prejudica sua satisfação a longo prazo e sua autoestima. Diminui sua capacidade de causar impacto, bem como seu potencial de ganho. Isso deixa você de escanteio e envia uma mensagem de que você não acredita que merece mais.

Por que isso acontece com tanta frequência com as mulheres? Existe uma razão subjacente? É claro que sua organização pode ser mais desafiadora para você do que para os homens que se encaixam na imagem do chefe de um verdadeiro aprendiz. Mas muitas vezes tem mais coisa envolvida. Talvez você se sinta indecisa sobre o que realmente quer fazer e permite que sua incerteza paralise sua capacidade de agir. Ou talvez você simplesmente deteste riscos.

Mas, em nossa experiência, a razão mais comum pela qual as mulheres colocam seu emprego à frente de sua carreira está enraizada em uma de suas maiores virtudes: a lealdade.

Pesquisas mostram que a lealdade é a principal razão pela qual as mulheres tendem a permanecer em seus empregos por mais tempo do que os homens. É uma virtude que pode facilmente se tornar uma armadilha. O desejo de ser leal pode levar você a negligenciar seu futuro, sacrificar suas ambições e vender seu talento e seu potencial. Outros podem se beneficiar disso, mas você não.

LEALDADE À PESSOA

Sally conheceu Serena em um momento em que a insatisfação de Serena finalmente tinha vindo à tona e a motivou a tentar uma nova abordagem. Ela tinha passado 11 anos como assistente sênior de produção de uma emissora com sede em Los Angeles, Califórnia, EUA, o que se qualifica como um tempo extraordinariamente longo para permanecer nesse cargo no ramo dela.

O produtor para o qual Serena trabalhava tinha ganhado um número impressionante de Emmys e ela sempre sentia orgulho de trabalhar para ele. Ela amava o fato de ele constantemente elogiar suas contribuições e falar sobre o quão sortudo ele era por ter alguém com o talento e experiência dela trabalhando para ele. Ele até mesmo mencionou seu nome ao proferir seus agradecimentos quando ganhou seu Emmy mais recente, o que emocionou seus pais, imigrantes do Egito que gostam de assistir a prêmios americanos e ficaram extasiados ao ouvir o nome de sua filha mencionado na TV.

Serena gostava do ritmo do dia a dia de seu trabalho, valorizava seu papel de liderança na equipe e sentia que se beneficiava do prestígio de seu chefe. Mas permanecer como uma assistente sênior de produção por tanto tempo proporcionou sua cota de momentos dolorosos. Ela diz: "Um assistente que começou a trabalhar junto comigo decolou como um foguete, tornando-se produtor depois de apenas cinco anos. Ele não era melhor em seu trabalho do que eu, mas ele estava constantemente à procura de oportunidades. Eu *esperava* por oportunidades, imaginando que meu chefe e a alta gerência saberiam quando eu estivesse pronta para ser promovida."

Participar de um retiro de liderança para profissionais de mídia de diversas origens foi um chacoalhão para Serena. O programa se concentrou no desenvolvimento de carreira. Participar dos workshops e fazer coaching individual a ajudou a ver que ela precisava começar a pensar em longo prazo ou poderia acabar sendo uma assistente de produção pelo resto de sua vida.

A experiência também forçou Serena a confrontar o papel que ela tinha desempenhado em manter-se onde estava. Como muitas mulheres, ela sempre adotou apenas a abordagem do trabalho árduo, atendendo ao que precisava ser feito naquele dia, naquela semana ou naquele mês. Ela disse: "Eu sabia que queria produzir, mas sempre achei que, quando chegasse a hora, isso aconteceria. O retiro deixou claro que minha abordagem não estava funcionando. Eu precisava de um plano diferente."

Enquanto pensava em como agir, Serena percebeu que sua primeira tarefa era comunicar às pessoas da emissora que estava pronta para um desafio. Mas a ideia de fazer isso despertou fortes sensações que lhe deram uma pista sobre os medos que a haviam mantido estagnada. "Apenas a ideia de dizer ao meu chefe que eu queria seu apoio para me tornar uma produtora basicamente me encheu de pavor. Eu estava com medo de que ele me visse como desleal por deixá-lo. Estava com medo que ele pensasse que eu estava usando minha posição com ele como um trampolim. Como se ficar no mesmo lugar por 11 anos não fosse suficiente!"

Quanto mais pensava sobre isso, mais Serena percebia que seu senso de lealdade a mantinha estagnada. Como se sentia grata ao chefe, nunca havia tentado conseguir outro cargo. E, visto que ele nunca a tinha explorado, a passividade de Serena o beneficiava a cada passo.

Serena também percebeu que, embora seu chefe sempre tivesse sido generoso em elogiá-la, ele o fazia principalmente para funcionários e outros produtores. Ele nunca tinha falado sobre seu trabalho para as pessoas seniores da emissora em Nova York. No entanto eram elas que precisavam saber do que ela era capaz, se tivesse alguma chance de ser promovida.

"Por que ele não falou com eles sobre mim?", ela pensava. "Em parte porque eu nunca tinha pedido. Mas talvez a outra razão seja que eu me tornei indispensável para ele ao longo dos anos. Então, *por que* ele teria tomado a iniciativa de me ajudar a ser promovida? Não me entenda mal, eu não estou dizendo que o fato de eu ainda ser uma assistente de produção fosse culpa dele. A responsabilidade era minha. Mas eu precisava superar meu apego de ser vista como totalmente leal se eu quisesse me tornar produtora."

Algumas das resistências de Serena tinham a ver com a família. Ela sabia que seus pais nunca entenderiam que ela queria progredir, não apenas porque idolatravam seu chefe, mas porque vinham de uma cultura em que qualquer um que conseguisse um emprego decente deveria se apegar a ele para sempre. "No Egito, você tinha sorte se conseguisse qualquer emprego, então você mostrava que era digno por ser fanaticamente leal. Se você não fosse, você era visto como arrogante e irresponsável para sua família."

Uma vez que Serena entendeu que a lealdade tinha sido o principal fator para ela estar estagnada, ela foi capaz de abordar o seu chefe sobre seu desejo de progredir. Ele foi imediatamente cooperativo, e em poucos meses ela estava produzindo uma série de documentários em Nova York. "Eu estava tão preocupada que ele acharia que eu era desleal", ela reflete. "Mas a maioria dos empregos *são* trampolins para outra coisa. E eu percebi que não há por que se envergonhar em usar onde você está para se posicionar para o que você quer para o futuro. Claro que ele entendia isso. Como ele não entenderia? Ele tinha feito a mesma coisa, do contrário ele não teria chegado aonde estava."

LEALDADE À EQUIPE

Serena era fiel ao seu chefe. Mas muitas vezes nos deparamos com mulheres que sacrificam suas ambições por lealdade à sua equipe ou à unidade. Carlos Marin, um coach executivo que trabalha muito na América Latina e nos Estados Unidos, acha que o comprometimento excessivo com a equipe é a principal razão pela qual as mulheres deixam de investir em suas próprias carreiras.

Carlos diz: "Muitas mulheres com quem trabalho ficam muito envolvidas em nutrir sua equipe e passam muito tempo com seu pessoal. Isso é ótimo para os membros da equipe e pode proporcionar recompensas intrínsecas para as mulheres. Mas focar tanto internamente não necessariamente é algo bom para elas."

Isso se dá porque, na visão de Carlos, a dedicação delas às suas equipes pode fazer com que mulheres altamente talentosas negligenciem a construção de contatos com líderes seniores e parceiros externos de que precisam para progredir. "Assim, enquanto seus colegas estão construindo relacionamentos que os ajudarão no futuro, as mulheres estão gastando todo o seu tempo gerenciando suas equipes. Elas parecem gostar disso, e isso certamente vale a pena em termos de desempenho de equipe, mas não leva as mulheres para onde elas querem ir."

Essas mulheres, além de não estarem conseguindo construir os relacionamentos que poderiam posicioná-las para o futuro, também estão ativamente aprimorando e anunciando uma habilidade que as identifica como adequadas para um nível inferior ao nível sênior. Conforme ressaltado por Carlos: "Gerenciar uma equipe extremamente bem prova que você tem ótimas habilidades como gerente. Mas construir fortes redes de contatos externos é uma habilidade de *propaganda* que visa obter reconhecimento para a organização como um todo. Assim, enquanto as mulheres aprimoram suas habilidades de gerenciamento e enviam a mensagem de que são ótimas gerentes, seus colegas estão ocupados construindo habilidades de propaganda e enviando a mensagem de que são ótimos para promover a organização."

Isso é importante porque os principais cargos de liderança tendem a estar mais relacionados ao potencial para o próximo nível de responsabilidade do que o gerenciamento do atual nível de responsabilidade — uma realidade muitas vezes incompreendida nos níveis de gerência. Como Carlos menciona: "Os executivos seniores conseguem estender os relacionamentos externos de uma maneira que atenda à organização como um todo. Eles também lidam com as questões estratégicas gerais. Eles não são bem-sucedidos por serem apenas grandes gerentes do pessoal interno."

O resultado é que se, por lealdade à sua equipe, você permitir que sua energia seja consumida por atender às necessidades da equipe conscientemente, você provará principalmente que está muito bem preparada para ficar em uma posição voltada para a parte interna da empresa. As habilidades gerenciais que a trouxeram até aqui vão acabar por mantê-la aqui, em vez de a ajudarem a chegar a um lugar onde você poderia ter um maior impacto.

O TIPO SAUDÁVEL DE INTERESSE PRÓPRIO

Além de perceber que sua lealdade ao seu chefe a mantinha estagnada, Serena percebeu outra vulnerabilidade. Ela diz: "Eu tive esse incrível medo de aparecer ou de *ser* egoísta. Eu me lembrava do cara que se tornou produtor depois de apenas cinco anos. Ele não falava de outro assunto. Ele era um assistente de produção, mas ele se apresentava como produtor! Na época, achei que ele era metido e queria se mostrar. Mas agora eu penso: o que há de tão errado em ir atrás do que você quer?"

As mulheres frequentemente se sentem desconfortáveis em admitir seu interesse baseado em razões pessoais não apenas para os outros, mas também para si mesmas. Isso pode mantê-las concentradas em seus empregos e não em suas carreiras. Em contraste, pensar em termos de desenvolvimento de carreira sugere que você veja todos os empregos ou projetos como uma forma de se posicionar para o que pode vir a seguir.

Isso não significa que você só pensa no futuro em vez de apreciar onde está agora. Mas significa que você avalia o valor de cada trabalho não apenas em termos do quanto você gosta dele ou do quão valorizada você se sente, mas também em termos de como isso poderia ser bom para seus próprios interesses em longo prazo.

Não há nada de errado nisso. Na verdade, é apenas ser inteligente. Afinal, o que define o interesse próprio no local de trabalho? No fim das contas, é ser capaz de criar as condições para a construção de uma carreira que ofereça um escopo completo aos seus talentos e, ao mesmo tempo, forneça os meios para construir uma vida que seja satisfatória e que valha a pena. Você exerce esse interesse próprio buscando empregos que maximizem seu potencial para atingir esses objetivos. Não apenas agora, mas ao longo de sua vida profissional.

Claro, sua definição de interesse próprio pode não ser a mesma de outra pessoa. Talvez você valorize mais tempo do que dinheiro. Talvez o tempo com sua família seja a prioridade. Talvez você queira uma carreira que ofereça variedade ou a oportunidade de viajar, ou que proporcione entrar em contato com pessoas que você admira. Ou uma que forneça independência financeira. Seja o que for, saber o que a inspira e trabalhar intencionalmente para criar essa realidade requer que você reconheça e aja de acordo com seu próprio interesse.

O interesse próprio não parece ser um problema para muitos dos homens com quem trabalhamos. Os homens costumam gostar da ideia de ganhar, por isso sentem-se à vontade em colocar os seus interesses e os da família em primeiro lugar. Algumas mulheres fazem isso, mas outras parecem pensar que buscar seu próprio interesse as tornará pessoas más.

Heidi é analista de uma corporação financeira global. Ela é vista como brilhante, mas sua carreira estava estagnada quando Marshall foi contratado para ser seu coach. Em sua primeira reunião, ele perguntou o que ela achava que poderia ser o problema dela.

"A primeira coisa que você precisa saber", disse Heidi, "é que eu não sou como muitos dos caras aqui. Eles nunca pensam no banco. Eles pensam em si mesmos, o que eles podem ganhar por trabalhar aqui. Eles são honestos com relação a isso, então passam mais tempo procurando ser promovidos do que fazendo o trabalho deles. Não é assim que eu trabalho. Fazer o melhor trabalho que posso é mais importante para mim do que ficar fofocando ou fazendo joguinhos. Eu penso mais sobre essa instituição do que sobre minha própria carreira."

Ela parou por um momento, e depois acrescentou, pensativa: "Talvez esse seja o meu problema?"

Marshall teve que concordar.

Ele disse: "No meu ponto de vista, este banco está crescendo porque ele é muito bom em investir o dinheiro das pessoas. O banco é altamente ético, o que é ótimo, mas não está curando o câncer! Eu acho que você deve fazer o seu melhor para ajudar o banco. Você também deve fazer o melhor para ter uma ótima carreira e uma ótima vida. Contanto que você não esteja fazendo nada imoral, antiético ou ilegal, não precisa sacrificar seu futuro pelo banco. E quem é você para julgar as outras pessoas aqui e decidir que elas são seres humanos inferiores porque elas, além de ajudar o banco, estão interessadas em ajudar a si mesmas e as suas famílias?"

As palavras de Marshall assustaram Heidi. Mas nos meses seguintes ela começou a ver seu desejo de demonstrar lealdade à sua instituição e seu desdém ao interesse próprio sob uma luz diferente. Talvez sua insistência autojusta, de que ela não queria "jogar o jogo", fosse de fato uma maneira inteligente de se manter estagnada.

Ela começou a se perguntar o que ela realmente estava tentando alcançar. Por que ela estava no banco? O que fazia com que ela ficasse naquele emprego? E onde ela queria que ele a levasse? Se seus valores estivessem tanto em desacordo com as exigências de sua profissão, seria melhor que ela trabalhasse em uma organização sem fins lucrativos? Ou ela estava simplesmente tentando negar a satisfação real que sentia em seu trabalho como analista?

Ponderar sobre essas questões forçou Heidi a perceber que seus julgamentos sobre as pessoas com quem trabalhava só serviam para fazê-la se sentir alienada e incompreendida. Na verdade, ela *gostava* de usar suas extraordinárias habilidades e percepções analíticas. Ela amava o desafio intelectual. E ela até gostava, apesar de se sentir culpada, quando se saía melhor do que seus colegas.

Por que culpada? Provavelmente porque a mãe dela sempre a advertiu de que ser competitiva era "impróprio" para uma garota. Ela nunca concordou com a mãe, mas ela estava se comportando como se concordasse.

Uma vez que ela entendeu isso, Heidi foi capaz de admitir que ela gostava de ser realmente boa em seu trabalho e que abandoná-lo para buscar algo diferente era uma autossabotagem. Ela simplesmente precisava deixar de lado essa sensação de culpa, incutida nela desde a infância e que a impedia de atingir todo o seu potencial. Como diria Sheryl Sandberg, ela precisava fazer acontecer.

Então, se você está presa à armadilha da lealdade, ou tem um problema em admitir o interesse próprio, ou se faz questão de desprezar os joguinhos políticos que vê as outras pessoas jogando, você pode se beneficiar considerando como essas atitudes realmente podem ajudá-la, como elas se encaixam para auxiliar chegar aonde você quer ir. As mulheres que usam seus empregos como uma maneira de evitar pensar em suas carreiras muitas vezes têm um problema em admitir suas ambições. Mas o mundo precisa de mulheres ambiciosas — por que não você?

CAPÍTULO 11

Hábito 7: A Armadilha da Perfeição

Tentar ser perfeita pode ter ajudado você a chegar até aqui, mas vai atrapalhar quando você tentar alçar novos voos. Há muitas razões para isso.

- Esforçar-se para ser perfeita gera estresse para você e para as pessoas à sua volta, porque isso se baseia em expectativas que os seres humanos podem ocasionalmente conseguir alcançar, mas que não podem ser sustentadas ao longo do tempo.
- Esforçar-se para ser perfeita mantém você apegada aos detalhes, distraindo-a da perspectiva geral que é esperada quando você alcança uma posição sênior.
- Esforçar-se para ser perfeita cria uma mentalidade negativa na qual você fica incomodada com tudo que dá errado, já que até mesmo um pequeno erro pode "arruinar" o todo. E a negatividade nunca é valorizada em um líder.
- Esforçar-se para ser perfeita fará com que fique decepcionada pela simples razão de que isso não é realista. Você e as pessoas que trabalham com e para você nunca serão perfeitas — pelo menos enquanto você viver no planeta Terra.

Em nossa experiência, as mulheres são especialmente vulneráveis à armadilha da perfeição: a crença de que elas serão bem-sucedidas se fizerem o seu trabalho perfeitamente e não fizerem nada errado. Enquanto as mulheres em geral tendem a ser vistas como líderes melhores do que os homens, elas são frequentemente prejudicadas por sua tendência a serem duras demais consigo mesmas; um hábito enraizado no desejo de ser perfeita. O resultado é que mesmo as mulheres com alto desempenho tendem a levar os fracassos muito a sério, a ficar presas a seu sentimento de culpa e a ficar remoendo seus erros em vez de seguir em frente.

Outros coaches e profissionais com quem trabalhamos compartilham essa avaliação. Julie Johnson, a coach citada no Capítulo 8, acha que o desejo de ser perfeita é um dos dois desafios mais sérios que as mulheres com quem ela trabalha enfrentam. (Você lerá sobre o outro no próximo capítulo.) Isso não mudou nos seus 30 anos de profissão. No entanto ela raramente vê o perfeccionismo nos seus clientes do sexo masculino.

POR QUE AS MULHERES?

Por que as mulheres são frequentemente vulneráveis a esse desejo de serem perfeitas? Ou seria a crença de que, se elas não forem perfeitas, são de algum modo indignas? A experiência e as pesquisas sugerem dois motivos: expectativas de gênero que começam na infância e como essas expectativas são reforçadas no local de trabalho.

As meninas tendem a ser recompensadas por serem filhas obedientes e excelentes alunas, enquanto os meninos recebem mais liberdade. As pessoas costumam falar com carinho sobre um garotinho travesso. Ele é considerado encantador, divertido e adorável. Isso é especialmente verdade se ele for bom em esportes no qual pegar atalhos e "se mostrar" é recompensado com frequência, assim como burlar as regras para marcar pontos.

Por outro lado, as meninas que não estão em conformidade com os padrões esperados não recebem esse benefício. As escolas são muito mais propensas a penalizar as meninas por serem malcriadas e por comportamentos agressivos, como brigas. Com os meninos, esses comportamentos costumam ser considerados surtos de testosterona, o que seria visto como algo vergonhoso para as meninas. Essas atitudes geralmente prevalecem até mesmo em famílias e escolas comprometidas com a igualdade de gênero.

Tais expectativas podem levar as garotas a buscarem aprovação, esforçando-se para acertar tudo, evitando erros e sendo extremamente detalhistas. Em outras palavras, tentando ser perfeitas. As meninas consistentemente tiram notas mais altas que os meninos, em parte porque se desenvolvem mais cedo, mas também porque essa é a maneira mais segura de obter aprovação. Não é que os garotos não sejam recompensados por tirarem boas notas, mas os meninos que recebem mais elogios costumam ser os que se destacam nos esportes. Como atletas, espera-se que sejam assertivos, mostrem confiança, se destaquem e sejam ousados. Afinal de contas, um voleio é admirado mesmo quando não atinge o gol. Qual é o maior elogio que um atleta pode receber? Que ele *deu um show*. Alguém estudioso nunca é descrito assim.

O coach executivo Carlos Marin, citado no capítulo anterior, observa um padrão similar nas organizações. "Os dados de coaching e os levantamentos psicométricos que realizamos ao fazer *assessments* sugerem que os homens no nível executivo têm maior probabilidade de serem recompensados por ousar e assumir riscos", diz ele. "Mulheres em níveis semelhantes são mais propensas a serem recompensadas pela precisão e exatidão."

O resultado é que muitas das mulheres seniores com as quais Carlos e sua equipe trabalham se apegam à expectativa de que devem ser cautelosas e precisas. Ele observa que isso pode resultar em um medo excessivo de cometer erros que aparecem de muitas maneiras. "Por exemplo, mesmo em reuniões de alto risco com a equipe executiva, os homens tendem a se sentir à vontade para fazer declarações que não foram necessariamente pensadas ou mesmo declarações estúpidas. Mas se uma mulher disser algo estúpido ela ficará morrendo de vergonha e terá dificuldade para esquecer isso. Ela pode decidir evitar isso ficando de boca fechada no futuro. E então ela será criticada por ser cautelosa demais ou não contribuir."

O medo de errar é naturalmente agravado pelo fato de que, como mulher, seus erros são frequentemente encarados como mais graves nas culturas organizacionais masculinas. Seus erros podem ser interpretados como prova de que as mulheres em geral não conseguem realizar o trabalho, o que pode afetar a maneira como outras mulheres da empresa são vistas. Isso faz parte da culpa que você sente por ter cometido um erro — e por não ser perfeita.

O processo é intensificado se você for parte das minorias. Nos Estados Unidos, as mulheres afro-americanas muitas vezes sentem a carga de carregar as expectativas de toda a sua comunidade sobre seus ombros, assim como imigrantes de muitas culturas da Europa, da América do Norte e da Ásia. As mulheres na Índia, tanto dentro do país como no exterior, podem sentir a pressão não apenas para serem as funcionárias perfeitas e terem um alto desempenho, mas serem as noras perfeitas, constantemente tentando apaziguar uma família que é cética com relação a tudo que fazem. Se você está em uma dessas situações, aprender a abandonar o desejo de ser perfeita assume uma urgência especial, para que você não afunde sob o peso das expectativas.

Para chegar ao topo, você tem que deixar o seu fardo no chão.

O CUSTO

Carlos Marin observa que as pessoas que estabelecem padrões muito altos para si mesmas geralmente fazem o mesmo com os outros. Isso pode fazer com que colegas de trabalho e subordinados fiquem ressentidos. Então, embora seja compreensível que uma mulher possa acreditar que ser perfeita é o único caminho para o sucesso, seus esforços incansáveis muitas vezes podem ser um tiro no pé.

Vejamos o caso de Vera, uma funcionária de alto desempenho em uma seguradora internacional com sede no norte da Europa. Vera tem um intelecto impressionante, é extraordinariamente trabalhadora e extremamente organizada. Ela fala cinco idiomas, é uma excelente oradora e obteve grandes sucessos em operações e finanças. Tudo isso fez com que ela fosse uma candidata óbvia para ser CEO em sua empresa, mas seu perfeccionismo acabou atrapalhando-a quando ela foi cogitada para a vaga.

Sua vulnerabilidade veio à tona quando sua empresa começou a solicitar feedback sobre seus três principais candidatos. Acontece que as pessoas com as quais ela trabalhava, embora respeitassem sua ética de trabalho e em geral admirassem suas realizações, geralmente a consideravam excessivamente controladora e crítica.

Um colega próximo escreveu: "Vera é uma profissional incrível e sua dedicação é implacável. Mas ela costuma exigir demais das pessoas. Ela está tão preocupada com o fracasso que acaba por microgerenciar a equipe e isso nos leva à exaustão."

Outro relatou: "É impossível ficar relaxado perto da Vera. Ela está sempre ansiosa achando que algo vai dar errado. Como resultado, suas reuniões são totalmente roteirizadas. Ninguém quer sugerir uma ideia brilhante que não tenha sido totalmente avaliada porque ela vai encontrar cinco maneiras de dizer que aquilo vai dar errado. Isso limita a criatividade em sua divisão. As pessoas atingem seus objetivos de desempenho, mas não existe muita inovação, mesmo que as pessoas em sua unidade sejam excepcionalmente inteligentes."

Além de alienar colegas de trabalho, o perfeccionismo de Vera fez com que ela relutasse em assumir riscos. Estressar-se por coisas pequenas geralmente tem esse efeito. Se você está tentando ser perfeita, cada tarefa ou reunião é muito importante. Você está sempre à procura de algo que vai dar errado, pois mesmo a menor falha tem o poder de prejudicar sua imagem perfeita.

Assumir riscos requer estar aberta ao fracasso. Embora o risco deva ser cuidadosamente avaliado, o resultado nunca é garantido ou inteiramente dentro do seu controle. O desejo de ser perfeita, por outro lado, mantém você concentrada no que você *consegue* controlar. Isso estreita seus horizontes e demonstra insegurança, em vez da confiança no futuro que é necessária para ser uma líder eficaz.

No fim das contas, a aversão ao risco foi a principal razão pela qual Vera não recebeu a promoção para ser CEO. Ela tinha talentos notáveis, mas no mais alto nível executivo, no qual grandes decisões sobre o futuro precisam ser tomadas, certo grau de disposição a assumir riscos é essencial para que a organização evolua e cresça. Um membro do conselho envolvido no processo resumiu assim: "Vera é brilhante em lidar com situações em que dificuldades potenciais podem ser vistas e identificadas. Mas o que funcionou no passado não ajuda você a construir o futuro. Para isso, você precisa de uma capacidade razoável para confiar, uma disposição para assumir riscos consideráveis e uma grande visão do que a organização pode se tornar."

O PERFECCIONISMO SAUDÁVEL

É claro que a motivação para produzir resultados sublimes é um enorme trunfo, desde que suas tendências perfeccionistas possam ser contidas. Como exemplo, a coach Julie Johnson menciona uma de suas clientes, Dana, que ela descreve como uma perfeccionista saudável. Dana passou os últimos 18 anos no comitê executivo de uma empresa de transporte internacional e é considerada por seu CEO uma das pessoas com maior autocontrole na empresa.

Julie descreve o que diferencia Dana de outros perfeccionistas. Ela diz: "Dana tem padrões muito altos, mas aprendeu a não ser controladora. Ela sabe que as pessoas são humanas e cometem erros. Ela não se concentra no único detalhe que deu errado e nem forma uma opinião baseada nisso. Ela *percebe* os detalhes, mas os considera em um contexto maior. Ela é uma perfeccionista por natureza, uma pessoa detalhista, com certeza, mas ela tem uma perspectiva ampla e é muito tolerante com as pessoas. Ela trabalha muito, mas muitas vezes é a primeira a desapegar das coisas quando elas não acontecem como planejado. E tem um grande senso de humor para poder lidar com críticas e deixar as pessoas à vontade. Tudo se resume a ela ser uma pessoa confiante."

Julie observa que Dana tem duas habilidades que a maioria dos perfeccionistas não tem. Ela é boa em delegar e sabe como priorizar.

Os perfeccionistas geralmente têm dificuldade para delegar. Se você tem padrões superexigentes, faz sentido que você tenha dificuldade em deixar os outros fazerem seus trabalhos. E, visto que monitorar os esforços das pessoas é demorado e muitas vezes estressante, você talvez decida que é mais fácil e rápido fazer o trabalho você mesma.

O resultado é que você acaba trazendo tarefas extras para sua rotina que já é cheia demais. Você se envolve em telefonemas que não haveria necessidade de se envolver ou lê rascunhos preliminares de relatórios dos quais outra pessoa está encarregada. Se você fizer dessas intervenções um hábito, os membros de sua equipe se acostumarão a ter todas as etapas de seu desempenho verificadas, então se tornarão menos diligentes em relação à preparação. Afinal, por que eles deveriam se esforçar muito quando você acaba se inserindo em todas as etapas do processo?

Ao se intrometer, você tira o incentivo deles para realizar, aprender, crescer e melhorar. É assim que as equipes disfuncionais nascem.

E, se você tem dificuldade com delegar no trabalho, também pode achar difícil fazer isso em casa. Você faz as tarefas dos seus filhos quando eles as negligenciam ou "se esquecem" de falar sobre as atividades extras que vão precisar de outros arranjos de transporte. Assim como seus colegas de trabalho, seus filhos esperam sua intervenção e se acostumam com a ideia de que não precisam assumir responsabilidades.

Se isso a descreve, você pode analisar se está permitindo que à sua volta fiquem incapacitados. Isso é o que as pessoas que deixam de delegar costumam fazer. Se esse é o seu padrão no trabalho e em casa, você pode acabar com o estresse ou ficar presa em um martírio de ressentimento.

A disposição para delegar torna-se cada vez mais importante à medida que você passa para níveis mais altos. Você tem mais pessoas para gerenciar; mais pessoas com habilidades e conhecimentos especializados. Se você tentar fazer o trabalho delas, você vai se dar muito mal. Então, se "é mais fácil fazer isso eu mesma" for a sua resposta, você talvez deva pensar que você está minando o seu potencial como líder, bem como tendo muito trabalho extra.

Uma causa básica da falta de habilidade em delegar é muitas vezes uma incapacidade de priorizar; decidir o que é importante e o que não requer sua atenção. Se você estiver tentando ser perfeita, terá dificuldade com priorização, porque você só fica confortável quando *tudo* está certo. Assim, você pode sentir que estar dois minutos atrasada para uma reunião é tão sério quanto perder a data de apresentação de um relatório financeiro, uma vez que ambos minam sua necessidade de demonstrar a perfeição.

Se você tem tendências perfeccionistas, pode ser mais benéfico para os seus objetivos de longo prazo aprender a delegar, a priorizar e a se sentir à vontade assumindo riscos calculados. Isso criará um ambiente menos estressante — para você e para os outros — e demonstrará sua prontidão para progredir. A boa notícia é que você será a principal beneficiária se você reduzir seu fardo.

Mas só se você puder aceitar não ser perfeita.

CAPÍTULO 12

Hábito 8: A Doença de Querer Agradar

Tentar ser uma pessoa perfeita é uma armadilha, dadas as limitações humanas. Mas tentar ser uma pessoa maravilhosa pode ser uma armadilha também. O desejo de ser maravilhosa em todas as circunstâncias — ser atenciosa e agradável e fazer com que todos à sua volta se sintam bem — é conhecido entre os coaches como "a doença de querer agradar". Ela é considerada especialmente predominante entre as mulheres.

Se o seu caso for crônico, é provável que você já saiba. Você pode até falar sobre o assunto, geralmente em um tom de quem pede desculpas. E você provavelmente está ciente de como isso a atrapalha. Talvez você rotineiramente diga "sim" a tarefas e trabalhos que você sabe que vão consumir seu tempo e que trarão poucos benefícios. Talvez você gaste horas se compadecendo de pessoas que parecem gostar de reclamar e depois se pergunte o que faz para atraí-las. Talvez você se envolva com colegas que têm um talento especial para criar dramas e a quem os outros parecem engenhosamente evitar. Você resolve ficar longe deles, mas acaba sendo sugado para dentro de suas órbitas tóxicas.

A doença de querer agradar pode minar sua capacidade de tomar decisões claras, porque você está sempre tentando achar o meio-termo entre necessidades conflitantes, na esperança de criar consenso ou evitar ofender. Isso pode comprometer seu julgamento e deixá-la vulnerável à manipulação por pessoas que sabem como usar a culpa para conseguir que os outros levem em conta suas necessidades. Pode roubar-lhe a capacidade de agir com autoridade por medo de desapontar os outros ou deixá-los infelizes, mesmo que por um curto período de tempo. Pode fazer de você uma defensora ou aliada não confiável, porque você é facilmente influenciável. Isso pode distraí-la do seu propósito, desperdiçar seu tempo e talento e contribuir para a sua estagnação de forma geral.

A doença de querer agradar é tudo menos agradável e pode ser tóxica para sua carreira. Mas o que faz você agir assim? E como você pode eliminar esse hábito?

Como os perfeccionistas, alguém que quer agradar de forma crônica geralmente têm dificuldade em delegar. Os perfeccionistas evitam isso porque acreditam que podem fazer tudo melhor, enquanto quem quer agradar é motivado pelo desejo de ser útil e pela relutância em sobrecarregar os outros ou decepcionar qualquer um que possa ter confiado neles no passado.

Você pode estar ciente de todas essas desvantagens, mas ainda se encontra viciada em agradar, porque o esforço que você faz para ser útil e colocar os outros em primeiro lugar faz você se sentir como uma boa pessoa.

Certamente, existem homens que também se encontram nessas situações improdutivas. Mas psicólogos e coaches dirão que a doença de querer agradar é mais comumente encontrada em mulheres.

Por quê?

A resposta envolve provavelmente uma combinação de fatores. Como já observado, pesquisas mostram que as meninas são mais propensas a serem recompensadas por serem obedientes, agradáveis, prestativas e "boazinhas", tanto em casa quanto na escola. E as organizações muitas vezes encaminham mulheres de nível iniciante e intermediário para "cargos de prestação de assistência", nos quais são julgadas por sua capacidade de atender às necessidades de outras pessoas e podem ser penalizadas por fazerem marketing pessoal. Além disso, como vimos no capítulo anterior, mesmo as mulheres nos escalões mais altos tendem a ser mais recompensadas quando satisfazem as expectativas e agem da maneira que os outros acham mais agradável do que quando agem corajosamente ou expressam visões independentes.

Querer agradar também dá às mulheres a oportunidade de usarem as forças nutridoras e intuitivas que elas desenvolveram ao longo de milênios de evolução e das quais suas famílias dependem. Essas incluem a sensibilidade para interação humana e o dom para perceber quando os outros estão chateados, preocupados, assustados ou aéreos. Essas são habilidades que muitas mulheres aperfeiçoam ao longo da vida, habilidades que recebem um treino especial se elas se tornam mães.

Obviamente, essas habilidades fornecem muitas vantagens, não apenas em casa, mas também no trabalho. A capacidade de ler as necessidades dos outros lhe dá uma vantagem quando se trata de motivar, engajar e se comunicar com clientes, colegas e subordinados. Pode ser de grande benefício para sua organização e seus clientes, especialmente quando o envolvimento de corações e mentes se torna um componente de sucesso cada vez mais crucial.

No entanto, quando a necessidade de que outros gostem de você ou a vejam como sendo útil supera outras considerações, as habilidades que deveriam fornecer uma vantagem podem ser prejudiciais. E, embora a necessidade de agradar possa ajudá-la nos estágios iniciais de sua carreira, isso a atrapalhará à medida que você progride, corroendo sua capacidade de demonstrar liderança e servindo como a melhor ferramenta para desperdiçar o seu poder.

O ALICERCE

Nancy é uma administradora sênior em um centro médico regional altamente qualificado. Ela começou sua carreira como recepcionista depois de apenas dois anos de faculdade comunitária. Ninguém em sua família tinha ido além do ensino médio e ela nunca se imaginara na área de administração. Mas ela é inteligente, eficiente, muito esforçada e incrivelmente calorosa e alegre. Logo depois que ela começou a trabalhar, equipes médicas começaram a confiar nela para coordenar os pacientes.

Os pacientes a amavam, e o centro logo começou a receber comentários sobre o quanto Nancy os ajudara. As classificações da comunidade para o centro começaram a subir. Então, um filantropo local fez uma doação impressionante porque sua mãe havia sido muito bem tratada por Nancy. Depois de dois anos, os membros da equipe sênior decidiram que ela estava perdendo tempo com as responsabilidades da recepção. Eles criaram um cargo de defesa ao paciente para ela e a indicaram para um programa de ensino gratuito, no qual ela obteve uma graduação de quatro anos em administração hospitalar.

Nancy progredia continuamente em sua carreira. Ela foi convidada a liderar uma iniciativa de extensão para famílias de pacientes com doenças crônicas graves para envolvê-los no gerenciamento proativo dos cuidados. Ela criou um programa de envolvimento comunitário altamente visível que elevou o perfil regional do centro. Ela ajudou a desenvolver um treinamento de atendimento ao paciente para profissionais médicos. Esse treinamento recebeu reconhecimento nacional. Quando o centro médico foi adquirido por um sistema maior, muitos de seus programas foram consolidados, mas as inovações de Nancy foram adaptadas pelo sistema maior, que as via como uma vantagem para arrecadação de fundos.

Por 20 anos, Nancy floresceu. Uma colega disse: "Qualquer coisa que fizéssemos voltada para o público, era sempre 'vamos trazer Nancy'. Ela era nosso recurso para envolver as pessoas de fora." Com seus 30 e tantos anos, Nancy era chefe de assuntos externos e responsável por todo o sistema, com os serviços ao paciente tendo uma prioridade alta e sendo agregados às suas responsabilidades.

Mas ao atingir esse auge Nancy começou a encontrar alguns obstáculos.

Basicamente, ela estava fazendo coisas demais. Em parte porque seu novo portfólio era muito amplo, mas também porque ela ainda estava envolvida em responsabilidades anteriores. Pacientes e famílias com quem ela havia trabalhado no passado continuavam a ligar e a pedir ajuda. Enfermeiros e médicos às vezes pediam que ela interferisse quando tinham problemas.

Um gerente de enfermagem observou: "Nancy sempre teve esse toque mágico, uma maneira de acalmar as pessoas nervosas e perturbadas. A equipe achava mais fácil chamá-la do que tentar lidar com situações difíceis. Eles a viam como o alicerce para quando as coisas ficavam difíceis." Os grupos comunitários também preferiam falar com Nancy, em vez de com as novas pessoas que ela contratara para o trabalho. Ela estava comprometida a um extenso calendário de eventos público.

Nancy diz: "Sentia como se tivesse cinco empregos e isso estava acabando comigo. Mas eu realmente não via uma boa saída. Eu sabia que deveria me concentrar no trabalho que eu tinha, mas tantas pessoas passaram a confiar em mim que eu não me sentia bem em decepcioná-las. Eu conhecia histórias e problemas de pacientes e familiares. Eu conhecia a dor que as pessoas sentiam física e mentalmente. Como eu poderia dizer que estava ocupada demais para ajudar? Como eu poderia dizer a elas que eu tinha me tornado importante e que não tinha tempo para os seus problemas? Elas confiavam em mim e me viam como uma amiga."

Enquanto Nancy lutava para cumprir com tantas responsabilidades, sua equipe começou a questionar sua abordagem. Alguns se sentiam deixados de lado e a viam como sempre interferindo nos seus trabalhos. E, apesar de seus esforços, vários pacientes importantes que estavam acostumados a tê-la ao lado deles sentiram que ela estava se afastando e ficaram magoados. Suas tentativas de agradar a todos estavam dando errado. Ela sentia como se nada nunca fosse o bastante.

ILSA ENTRA EM CENA

Uma membra do conselho que já conhecia Nancy há mais de uma década recomendou ao sistema que contratasse um coach que pudesse ajudá-la a resolver as coisas. Ilsa trabalhara com dezenas de mulheres e rapidamente viu qual era o problema de Nancy: uma necessidade de que outros gostassem dela e a vissem como sendo carinhosa e solícita por praticamente todos que ela conhecesse.

"Eu vejo isso com muita frequência", diz Ilsa. "Agradar os outros geralmente é bom para as mulheres até certo ponto. Então, de repente, definitivamente não é mais. Quando você é responsável por muitas pessoas, você precisa ser clara com relação às suas expectativas. Se não fizer isso, estará basicamente treinando as pessoas que trabalham com você a dependerem de você."

Ilsa observou uma série de fatores em ação no dilema de Nancy, todos eles comuns entre aqueles que têm essa doença de querer agradar em estágio crônico. O primeiro foi o forte sentimento de culpa de Nancy. Ela se sentia constrangida por ir além das expectativas da família e temia que achassem que isso "tivesse subido à cabeça", uma queixa típica da família sobre alguém que tivesse sucesso. Como resultado, Nancy estava constantemente tentando provar que não achava que ela fosse melhor que ninguém. Isso tornou quase impossível para que ela dissesse não.

"Nancy acreditava que, se deixasse qualquer uma das pessoas com quem trabalhara para trás, seria vista como insensível e preocupada só consigo mesma", diz Ilsa. "Esse tipo de julgamento parecia intolerável para ela, então ela continuou tentando atender às expectativas de todos.

O problema era que com suas responsabilidades expandidas não sobrava tempo para fazer isso. Mas, em vez de aceitar essa realidade e arriscar-se a ser vista como bem-sucedida e, portanto, como a família dela a veria, uma esnobe, ela continuamente deixava seus limites serem violados."

Ilsa também notou o medo excessivo que Nancy tinha de fofocas. "Ela odiava pensar que as pessoas poderiam estar falando sobre ela de uma forma negativa. Ela sabia que o hospital era uma fábrica de fofocas. Muitos locais de trabalho o são, especialmente aqueles com estruturas hierárquicas rígidas, o que certamente descreve um ambiente hospitalar. As pessoas *realmente* falam umas das outras, especialmente sobre pessoas em altos cargos que progrediram rapidamente."

Nancy, no entanto, imaginou que pudesse permanecer imune a isso por ser a melhor amiga de todos. Muitas pessoas que têm a doença de querer agradar compartilham dessa ilusão. Ilsa diz: "Ser amada era tão importante para Nancy que era difícil para ela aceitar que não podia controlar o que as outras pessoas diziam sobre ela. Mas, como administradora sênior, ela não podia evitar provocar algum ressentimento. Faz parte do trabalho, não importa o quão legal você tente ser. Você tem que aceitar isso se estiver em uma posição de liderança. Caso contrário, todos vão entender que você está disponível sempre."

Ilsa ajudou Nancy ao mostrar que *ela* tinha sido capaz de ser bem-sucedida apenas porque outras pessoas estavam dispostas a delegar responsabilidades a *ela*. Se não tivessem, ela ainda estaria na recepção. Colocar nessa perspectiva, e mostrar como delegar poderia ser um comportamento de amadurecimento, ajudou Nancy a reconhecer que sua atitude não a estava ajudando. Como líder sênior no sistema, ela precisava dar aos outros a chance de florescer e crescer, de achar o caminho deles e aprender com seus próprios erros.

Ilsa fez com que Nancy criasse uma lista de todas as tarefas que ela fazia durante uma semana. Ela então pediu para que Nancy colocasse uma marca apenas ao lado das tarefas que estavam dentro de sua descrição de trabalho e usasse isso como uma ferramenta para estabelecer limites mais claros para si mesma. Foi preciso disciplina para Nancy dizer "não" às pessoas que se acostumaram a depender dela para fazer tarefas que não estivessem marcadas em sua lista. Mas como mudanças simples em seu comportamento começaram a gerar resultados melhores, Nancy continuou a dizer "não" com mais facilidade. Ela também começou a entender melhor sua necessidade de agradar.

Nancy sempre se viu como uma pessoa naturalmente prestativa, e ela era. Mas agora ela também via que seu hábito de assumir muitas responsabilidades estava enraizado em sua necessidade de se sentir indispensável. Como Ilsa diz: "Nancy teve que confrontar o fato de que seu envolvimento excessivo tinha o efeito de fazer tudo girar em torno *dela*. Isso geralmente é chocante para aqueles que gostam de agradar porque não se encaixa com a narrativa 'Eu sou uma pessoa tão boa' que eles têm em suas cabeças."

QUERER AGRADAR EM CASA

Ao passo que Nancy praticava seu desapego, ela começou a perceber que sua compulsão por querer agradar também estava complicando sua vida em casa. Assim como ela estava se prejudicando por ser excessivamente prestativa no trabalho, ela também estava se levando à exaustão por garantir que seus filhos sentissem que tinham a mãe mais maravilhosa do mundo em todas as ocasiões possíveis.

Aqui, novamente, a culpa estava, em parte, guiando seu comportamento. Porque seu trabalho exigia muito, ela sentia que precisava ser incrível em todas as áreas quando se tratava de seus filhos. Mesmo quando o filho dela disse: "Tudo bem, mamãe, você realmente não precisa estar lá", ela temia que depois ele ficasse magoado com o fato de ela faltar a um treino qualquer de futebol. Então, sua abordagem básica era dizer "sim" a tudo e depois se sentir mal se o trabalho interferisse e ela não cumprisse uma promessa.

Hábito 8: A Doença de Querer Agradar

A maioria das mães na escola não trabalhava. Nancy diz: "Elas são como supermães, preparando essas festas de aniversário incríveis com guloseimas caseiras e decorações que elas mesmas criavam. Uma das minhas vizinhas passou um mês fazendo umas fantasias lindas de dragão para seus filhos no Halloween. Eu me senti um fracasso quando minha filha apareceu em uma fantasia simples de fantasma comprada na loja."

Embora Nancy nunca tenha guardado mágoa a respeito da abordagem discreta de sua mãe às celebrações, ela temia que seus próprios filhos sofressem se ela não conseguisse acompanhar as expectativas da vizinhança. E ela não queria que sua família — ou, para ser honesta, as outras mães na escola — pensassem que ela era uma esnobe com coisas mais importantes para fazer.

A socióloga Juliet Schor observa que a cultura contemporânea desenvolveu o que ela chama de "o estilo mais trabalhoso de ser mãe que mundo já viu", um nível de envolvimento na vida das crianças sem precedentes. O que é surpreendente e irônico é que isso ocorreu *exatamente na mesma época* em que as mulheres entraram em massa no mercado de trabalho e começaram a alcançar cargos mais altos.

Nas gerações anteriores, quando pouquíssimas mulheres estavam empregadas, raramente era esperado que os pais aparecessem nos treinos esportivos de seus filhos ou administrassem uma agenda cheia de atividades extracurriculares. As crianças andavam de bicicleta pelo bairro ou brincavam no parque ou no quintal. Festas de aniversário tinham basicamente sorvete e bolo. Juliet observa o profundo conflito que essa mudança cria para as mulheres, cuja culpa resultante de seus empregos pode fazer com que elas pensem duas vezes antes de ir contra as expectativas que percebem serem exageradas.

As redes sociais apenas intensificam a pressão à medida que documentar eventos se torna tão importante quanto os próprios eventos. Como uma mãe cética observa: "Alguém postará fotos da festa de seus filhos no Facebook. Digamos que a festa tem um tema de circo. O bolo é em forma de vagão de circo e todas as crianças recebem roupas de circo para usar. Talvez as fotos sejam amplamente compartilhadas. De repente, as outras mães sentem que precisam criar algo incrível e original."

O resultado? "Todo mundo continua inventando coisas, e as mães que trabalham fora ou se sentem um fracasso porque não conseguem acompanhar, ou acabam gastando quantias absurdas na festa de uma criança de seis anos. Em um dado momento, as crianças se tornam quase que secundárias — o foco está nas fotos. Os maridos não estão nem aí. Às vezes eu quero gritar para todos: *podemos, por favor, apenas concordar em parar?*"

A única maneira de sair desse carrossel descontrolado é ter clareza de suas prioridades e ter a confiança necessária para se manter firme e contra as expectativas que têm pouco a ver com o que realmente importa para você ou, em muitos casos, para seus filhos. Caso contrário, as exigências, sendo elas infinitas, consumirão você.

Nancy diz: "Quando eu fiquei confortável em aceitar que meu propósito principal na vida não era agradar a todos, percebi que precisava criar tempo para o que era importante para mim e para minha família, em vez de para o que outras pessoas pareciam dar valor. Por exemplo, eu nunca gostei de trabalhos manuais, então não adianta gastar tempo com isso porque 'é o que uma ótima mãe deveria fazer' ou porque 'o Instagram está cheio de fotos fofas de mães e filhas fazendo grinaldas.'"

Nancy começou a ter conversas mais honestas em casa. Ela diz: "Eu tive que ter uma conversa séria e dar à minha família uma noção da minha agenda e compromissos. Se eu não pudesse fazer algo, todo mundo precisava saber. Ser honesta, tratar minha família como parceira, fez uma enorme diferença em como nos comunicamos. Agora, estamos muito mais relaxados uns com os outros."

Coaches que trabalham com mulheres relatam que a doença de querer agradar está se tornando mais problemática porque as expectativas estão constantemente aumentando. Esse assunto não é abordado em muitas das conferências de mulheres que participamos, nas quais

os programas sobre "alcançar o equilíbrio" tornaram-se um aspecto-
-padrão do repertório.

Por um lado, as mulheres são incentivadas a "partir pra cima" e ter a liderança do mais alto nível como alvo. Por outro lado, elas são alertadas sobre as consequências de perder praticamente qualquer atividade envolvendo seus filhos. O fato de que o equilíbrio é agora mais frequentemente descrito como "integração entre vida pessoal e profissional" não muda a mensagem básica de que as mulheres não apenas "podem ter tudo", mas também que são fatalmente um fracasso se não o fizerem.

Para manter qualquer serenidade neste ambiente em crescimento, você precisa tirar tempo para refletir e pensar cuidadosamente sobre suas prioridades. Não o que agradaria os outros, não o que faria todos pensarem que você é a pessoa mais maravilhosa com quem eles já trabalharam ou conheceram, mas o que você em seu coração quer ser e alcançar em sua vida. Dadas todas as distrações e pressões que você enfrenta e os milhares de caminhos para se sentir culpada, encontrar uma maneira de resistir à doença de querer agradar é mais essencial do que nunca.

CAPÍTULO 13

Hábito 9: Minimizar

Há alguns anos, Sally participou da reunião de uma organização feminina nacional que realizava sua conferência anual em Nova Orleans. Após fazer a palestra principal do grande evento, ela foi convidada a participar do conselho para oferecer algumas ideias sobre o novo plano estratégico do grupo.

O encontro aconteceu em uma sala de conferências com paredes de vidro na cobertura de um hotel no centro da cidade. O conselho era grande; mais de 30 pessoas eram esperadas. A maioria ocupava altos cargos corporativos, acadêmicos ou em organizações sem fins lucrativos. Cerca de um terço dos membros do conselho eram homens.

A sala estava lotada, então os assentos eram próximos e não estavam designados. Atrasos nos voos causados por tempestades fez com que um bom número de pessoas chegasse atrasado. Mas como Sally tentou se concentrar nos detalhes do plano apresentado, ela ficou impressionada com as reações contrastantes que os homens e as mulheres que eram membros do conselho tiveram frente aos que chegaram atrasados.

Praticamente todas as mulheres notavam os recém-chegados sinalizando que havia espaço suficiente para se sentirem confortáveis. Elas apontavam para os assentos desocupados, arrastavam suas cadeiras para o lado para criar mais espaço ou mesmo mudavam de lugar e iam para o canto da sala. Elas também se tornavam fisicamente menores, cruzando as pernas, segurando os braços, empurrando as bolsas para debaixo da mesa, até posicionando seus blocos de anotações mais à frente delas.

Os homens reagiram de maneira diferente. Eles assentiam com a cabeça — ou não —, mas não tentavam ocupar menos espaço. Aqueles que estavam esparramados pela sala ou tinham um braço repousado sobre uma cadeira vazia permaneceram na mesma posição. Aqueles cujos pertences estavam espalhados não os tiravam do lugar. Eles ficavam como estavam, confiando que os recém-chegados, todos sendo adultos bem-sucedidos, achariam suas próprias acomodações.

Fascinada pela dinâmica, Sally começou a perceber a linguagem corporal em outras situações e achou-a similar ao que vira em Nova Orleans. Em geral, as mulheres reconheciam a presença de outros por minimizar o espaço que ocupavam, mesmo que isso fosse incômodo. Os homens não.

Agora, é fácil interpretar os gestos das mulheres como acolhedores, inclusivos e generosos — uma forma de demonstrar como estão sintonizadas com outras pessoas e suas necessidades. E, de fato, tudo isso é verdade. E certamente não há nada de admirável em homens esparramados pela sala, ocupando várias cadeiras e espalhando seus pertences. Não ter noção das necessidades e do conforto físico de outras pessoas não é um comportamento que você deve adquirir se estiver buscando passar para o próximo nível. Mas tentar se encolher também não é uma boa ideia.

APEQUENAR-SE

Se você tem o hábito de reconhecer a existência de outras pessoas tentando se tornar menor ou ocupando um assento no fundo da sala, talvez queira considerar o quanto essa resposta lhe é útil. Conforme pesquisas conduzidas por cientistas sociais e neurocientistas confirmam — e muitos de nós sabemos por experiência própria —, quando você encolhe seus braços e pernas, se aperta, se agacha ou se move em direção aos cantos da sala, você prejudica sua capacidade de projetar autoridade e poder.

Não só os outros interpretam você como menor, mas você começa a se sentir assim. Isso porque suas tentativas físicas de se encolher enviam uma mensagem para seu cérebro de que você realmente não deveria ocupar seu espaço, seja física ou metaforicamente. *Você não é grande o suficiente, então você não pertence àquele lugar. Outros merecem mais do que você.* É assim que seu cérebro interpreta suas ações.

Não é de surpreender que seu corpo envie um sinal desse tipo, já que tentar apequenar-se é um comportamento submisso clássico. Você provavelmente já viu seu cão abaixar os olhos e abaixar o rabo quando um cão dominante se aproxima. Ou você viu sua gata abaixando as orelhas e esticando a pele enquanto passa ao lado de um cachorro. A mensagem que seus animais de estimação estão enviando é clara: *sou muito pequeno. Eu não represento nenhuma ameaça. Nem me dê atenção. Apenas me permita sair do seu caminho.*

No entanto, mesmo sem intenção ou com boas intenções — por exemplo, o desejo de receber alguém que acabou de chegar —, quando você tenta ficar menor, você envia uma mensagem de subserviência para todos na sala. Isso acontece sem você conscientemente querer. Acontece simplesmente porque você é um mamífero.

Ser um mamífero humano significa que você também tem a capacidade de usar a fala para minimizar sua presença. Esse é outro hábito que contribui para diminuir seu poder. Felizmente, tem sido dada atenção suficiente nos últimos anos ao hábito feminino de pedir desculpas rotineiramente e talvez você tenha se saído bem em evitar que isso aconteça. Quando você ouve "sinto muito" sair facilmente dos seus lábios, ou quando você usa a frase inutilmente para abrir uma conversa ("desculpe-me, eu preciso perguntar..."), você talvez tenha aprendido a notar sua atitude e a se corrigir.

No entanto outros minimizadores verbais persistem, como o uso constante da palavra *só*. Como em: "Eu só preciso de um minuto do seu tempo." "Eu só quero dizer uma coisa." "Eu só tenho uma observação." A palavra *apenas* pode ter a mesma conotação. Outros minimizadores incluem pequeno, breve e rápido, usados para sugerir que você não gastará o tempo valioso da outra pessoa com algo que, na verdade, acredita ser importante o suficiente para mencionar: "Eu só tenho uma pequena sugestão." "Se eu puder acrescentar algo rapidinho…"

Ainda mais notório, mas infelizmente comum, são os elementos verbais de isenção de responsabilidade. "Talvez isso não seja importante." "Você pode até já ter pensado nisso." "Isso pode ser irrelevante." Esses tiques verbais geralmente são empregados no início de uma frase, nas quais são calculados para causar o maior dano possível. O hábito milenar de terminar rotineiramente cada frase em uma nota mais alta, que tem o efeito de fazer com que cada afirmação soe como uma pergunta, transmite uma incerteza que minimiza e isenta de responsabilidade, e ao mesmo tempo parece projetada para gerar contradição.

Além de dizer implicitamente: "Por favor, não se preocupe comigo", os elementos que minimizam e isentam transmitem incerteza. Eles são mais uma ferramenta que você pode usar para minar seu poder. Um estudo feito na Harvard Business School, "Who Gets Heard and Why" [Quem Consegue Ser Ouvido e Por que, em tradução livre], descobriu que as mulheres são mais propensas do que os homens a minimizar sua certeza quando falam, protegendo as afirmações e reconhecendo proativamente que os outros podem ter diferentes pontos de vista.

Não é de admirar que muitas mulheres tenham adotado esses hábitos, pois a certeza é muitas vezes interpretada como arrogância e as mulheres temem serem rotuladas como arrogantes. Há uma boa razão para isso, é claro, já que as mulheres que são consideradas arrogantes são vistas de uma forma altamente negativa, enquanto a arrogância nos homens é frequentemente interpretada como confiança e ousadia.

No entanto, como confirma o estudo de Harvard, transmitir incerteza é uma boa maneira de garantir que você não será ouvida. As pessoas em posições de poder tendem a ler a incerteza como falta de comprometimento ou preparação. Considerando que a natureza de um dilema é um problema sem solução — ou você será vista como arrogante ou sem comprometimento —, geralmente é uma boa ideia simplesmente dizer o que você quer dizer.

SUAVIZAR

Comportamentos e figuras de linguagem que minimizam são particularmente desafiadores para as mulheres criadas em culturas que valorizam a modéstia e a autoanulação feminina. Aiko, uma engenheira com quem Marshall trabalhou no Japão, aprendera quando criança que as mulheres deveriam ser inseguras, hesitantes e muito quietas, mantendo suas vozes suaves e até andando com o mínimo de ruído. Falar e ser direta eram sinais de grosseria e ser "barulhenta", evidência de uma má educação que refletia mal na família inteira de uma mulher. Quando se mantinha firme ou tentava falar com autoridade, Aiko sentia que estava desonrando aqueles que amava.

Humildade, deferência e minimização são, de fato, marcas registradas da "linguagem feminina" que as mulheres bem-educadas no Japão, até recentemente, esperavam usar ao longo de suas vidas. É um legado que pode atrapalhar o modo como as mulheres nessa cultura progridem para níveis mais altos, nos quais se espera que falem como iguais com homens poderosos.

Abandonar os hábitos de deferência também pode ser difícil para mulheres de culturas que ensinam a evitar fazer contato visual com homens, a se abster de apertos de mão e a falar apenas quando abordadas diretamente. Tais expectativas e tradições dificultam que as mulheres projetem tranquilidade em ambientes mistos, o que pode impedi-las de alcançar seu pleno potencial.

Muitas culturas também veem que ser indireta é um comportamento que demonstra educação para as mulheres. Até as culturas que se orgulham de serem diretas muitas vezes incentivam sutilmente as mulheres a diminuir seu impacto por apresentar uma ideia de maneira indireta. Isso pode tomar a forma de fazer um prefácio antes de uma afirmação com explicações desnecessárias: "Primeiro, deixe-me contar como me ocorreu essa ideia." Conforme você verá no capítulo seguinte, essa cobertura preliminar é muitas vezes interpretada como dar informações demais. Dado isso, geralmente é mais eficaz ser direta.

NÓS

Como observado no Capítulo 5, se você se esforça para reivindicar suas realizações, talvez seja seu hábito usar *nós* em vez de *eu*. Mesmo quando descreve um feito que é principalmente ou inteiramente seu, você pode moldá-lo como *nós* porque você quer parecer educada e inclusiva. Isso às vezes pode ser apropriado, mas muitas vezes serve apenas para minimizar o que você contribuiu.

Além de dar pouca ênfase às suas conquistas, usar com frequência *nós* pode semear confusão sobre seu papel em um esforço específico. Você liderou? Você era essencial para o resultado? Ou alguém mais foi o herói? O que exatamente "nós" quer dizer?

O psicólogo James Pennebaker, escrevendo para a *Harvard Business Review*, observa que um estudo transcultural do uso de pronomes revela que as mulheres realmente usam a palavra *eu* mais que os homens. Isso não é surpreendente, já que as mulheres tendem a falar mais, a usar mais palavras quando falam (veja o capítulo seguinte) e a falar mais livremente sobre seus sentimentos íntimos. Na verdade, James atribui o uso que uma mulher faz de *eu* à sintonia que ela tem com seu estado interior e ao seu conforto com o diálogo interno. Em contraste, os homens são mais propensos a falar sobre objetos e eventos. Mas isso é verdade para a comunicação em geral, não no local de trabalho. Em situações profissionais, as mulheres que se sentem à vontade para falar suas opiniões rotineiramente recorrem a *nós* quando falam de seu próprio sucesso — como Amy, a líder da organização sem fins lucrativos, fez no Capítulo 5.

Não é difícil adivinhar por que isso seria assim, já que falar sobre suas realizações é um comportamento inerentemente assertivo e as mulheres são frequentemente penalizadas por parecerem assertivas. Conforme Sheryl Sandberg e Adam Grant, ao escreverem para o *New York Times*, mostraram, as mulheres que falam assertivamente são muito mais propensas que os homens a serem vistas negativamente no trabalho — uma descoberta que sua própria experiência pode confirmar. No entanto, como Sandberg e Grant também descobriram, as mulheres que *não* se impõem também tendem a ser vistas de uma forma negativa. O problema real, eles concluem, "parece ser falar enquanto mulher."

Uma maneira de lidar com esse dilema quando se trata de falar sobre suas realizações é dar à sua equipe ou a colegas de trabalho o crédito por um sucesso conjunto e, ao mesmo tempo, articular como você apoiou ou fortaleceu os esforços da equipe. Isso tem o efeito de transformar um cenário no qual todas as opções eram ruins em uma vitória para você e uma vitória para seus colegas. Achar o meio-termo pode deixar todo mundo feliz.

E, especialmente, se você está falando com um líder masculino confiante, que não tem dificuldade em reivindicar crédito, o uso constante de *nós* pode dar a entender que você não teve nada a ver com um esforço bem-sucedido. Então, dada a escolha entre soar egocêntrica e subestimar suas conquistas suadas, é melhor você inserir abertamente o *eu*.

PROTEJA SEU ESPAÇO

Sempre que você escolhe palavras ou ações que minimizam sua presença ou contribuição, você mostra incerteza sobre o seu direito de ocupar o espaço — tê-lo, usá-lo e habitá-lo completamente. Outros tendem a interpretar essa hesitação como uma falha de realmente comparecer e uma incapacidade de projetar uma presença forte e engajada.

Durante décadas, Sally foi questionada sobre o que as mulheres podem fazer para transmitir uma presença de liderança mais poderosa. As questões tendem a se concentrar na parte estética: as roupas certas, um aperto de mãos firme, um tom de voz confiante, se uma mulher deve carregar uma bolsa e até se cirurgia plástica pode ser útil!

No entanto décadas de exposição a uma vasta gama de líderes extraordinários mostraram a nós dois que *o componente-chave da presença da liderança é o oposto da estética: está na capacidade de estar totalmente presente.* Presente na tarefa, na conversa, no momento, na oportunidade. Presente para o seu propósito maior no mundo.

Como era de se esperar, há uma razão pela qual as palavras *presença* e *presente* estejam relacionadas.

Hoje o ambiente de trabalho superintenso, saturado de tecnologia, ativo 24 horas por dia dificulta a presença de qualquer pessoa, mas as mulheres enfrentam desafios específicos. Múltiplas responsabilidades podem dispersar sua atenção. O lar e o trabalho exigem habilidades profissionais, o que pode fazer com que todos os dias pareçam uma maratona a qual você só precisa *sobreviver*. E a capacidade das mulheres de prestar atenção a muitas coisas ao mesmo tempo — o radar que será descrito no Capítulo 16 — é um grande ponto forte que, no entanto, apresenta um lado negativo: pode dificultar a concentração.

Contudo, mesmo que a capacidade de estar presente se torne mais desafiadora, os benefícios de tê-la aumentam. Isso se torna mais verdadeiro à medida que você progride para um nível mais alto.

Por exemplo, estar presente é a maneira mais poderosa de se conectar entre culturas, o que a torna valiosa para líderes em um ambiente global diversificado. Pessoas de culturas muito diferentes podem perceber imediatamente se você está totalmente disponível para elas, porque sua linguagem corporal sempre as informa disso. Pense nisso. Você não pode acalmar uma criança pequena se estiver checando seu celular.

Você não pode adestrar um cachorro ou um cavalo se estiver preocupada com o que seu chefe disse naquela manhã. E, se uma criança de três anos e um membro de uma espécie diferente consegue perceber se você está engajada, um colega adulto de um contexto cultural diferente certamente também.

Além disso, a empatia, que é cada vez mais reconhecida como uma habilidade essencial de liderança, depende da sua capacidade de estar presente para outra pessoa. Pesquisas demonstram que você sente empatia quando está atendendo a outra pessoa tão intimamente que seus caminhos neurais começam a se espelhar mutuamente. O comportamento empático, portanto, depende da sua capacidade de estar plenamente presente. Quando você está distraída, não consegue sentir nem projetar empatia.

Uma nova pesquisa citada por Susan David em seu recente livro, *Agilidade Emocional*, demonstra outro benefício de estar presente para as mulheres. Ela observa que, embora as mulheres muitas vezes lutem para ser ouvidas, elas de fato recebem *tanta* atenção quanto os homens quando falam em público se (e somente se) forem vistas como estando totalmente presentes. Estar presente também tem o efeito de tornar as mulheres mais dignas de confiança e autoritárias. Essa descoberta poderosa aumenta a evidência de que a capacidade de estar no momento presente e proteger seu espaço é vital para as mulheres que buscam projetar uma presença de liderança.

A capacidade de estar presente requer focar sua atenção para que você possa comparecer onde você está. E, devido aos desafios especiais e aos benefícios específicos descritos acima, a capacidade de fazer isso pode ser especialmente valiosa para as mulheres.

Então, o que você pode fazer para focar sua atenção para que possa ficar presente onde você está? Você pode começar por lutar contra fazer muitas coisas ao mesmo tempo de forma compulsiva, uma prática da qual as mulheres muitas vezes parecem se orgulhar. Eliminar essa habilidade por completo não é prático, mas é importante perceber que, embora ser multitarefas pareça ser eficiente, esse comportamento sempre vem com um custo. Pois o fato é que fazer duas coisas ao mesmo tempo torna impossível estar presente, porque sua atenção está, por definição, fragmentada. E a atenção fragmentada é um minimizador altamente eficaz.

Fazer várias coisas ao mesmo tempo é também o caminho mais rápido para a exaustão mental, cuja verdadeira fonte não é estar ocupada, mas a tensão que você coloca no seu cérebro quando você faz duas coisas ao mesmo tempo. Por outro lado, pesquisas sobre meditação e outras práticas que incentivam a atenção plena mostram que a maneira mais poderosa de se reenergizar e relaxar é concentrar sua atenção em uma coisa, em vez de permitir que ela se disperse por aí.

Fazer várias coisas ao mesmo tempo também a prejudica, porque dá a impressão de que você é excessivamente reativa a eventos aleatórios. Se você vê uma pessoa olhando constantemente o telefone em uma reunião, você não pensa: *uau, ela deve ser importante.* E certamente não pensa: *que presença forte ela exala.* Em vez disso, é provável que você conclua que ela não tem controle de seu próprio tempo ou agenda e, portanto, é incapaz de estar presente ao que realmente está acontecendo. Ao demonstrar uma capacidade reativa excessiva, ela minimiza a importância e a presença dela.

A boa notícia é que permitir que sua atenção fique fragmentada não é uma falha de caráter. É apenas um hábito, como minimizar, proteger-se, suavizar, encolher-se e ceder espaço. Esses comportamentos não revelam necessariamente inseguranças profundas. Eles são apenas reações com as quais você se acostumou ao longo dos anos, reações que talvez você até já nem precise mais. Eles podem tê-la ajudado em algum momento, mas a enfraquecerão à medida que você progride, tornando impossível para você manifestar — ou desfrutar — a serenidade e o poder.

CAPÍTULO 14

Hábito 10: Demais

Como mulher, talvez tenha percebido a necessidade de controlar seu registro emocional quando está em situações profissionais, especialmente em relação a homens de alto desempenho. Você talvez faça isso em um esforço para adaptar seu humor à cultura de liderança predominante no local de trabalho. Ou porque você recebeu um feedback que você é muito firme ou muita intensa.

As mulheres frequentemente ouvem esses comentários, mas saber como lidar com eles pode ser confuso. Por um lado, existe um preço definido por ser rotulada como "um pouco exagerada", especialmente quando você está avançando na carreira. Você pode ser vista como não profissional ou não confiável quando, na verdade, não é nenhuma dessas coisas. Podem achar que você e a empresa "não combinam".

Por outro lado, ter que controlar frequentemente suas reações naturais pode fazer você se sentir estranha, inautêntica e rígida, drenando o entusiasmo que você precisa para trabalhar no mais alto nível. O automonitoramento excessivo pode sugar sua energia e inibir sua capacidade de ser a melhor versão de si mesma. Pode matar a espontaneidade e assim prejudicar sua capacidade de causar impacto.

Rotineiramente reprimir seus sentimentos também pode diminuir sua capacidade de inspirar confiança. Os colegas de trabalho podem interpretar sua relutância em responder de maneira sincera como prova de que você está escondendo alguma coisa. Eles podem se perguntar o que há de errado com você; por que você não consegue apenas ser sincera. É muito provável que eles não estejam cientes de como as críticas que você recebeu no passado fazem com que você hesite em ser direta.

Essa questão do demais/não o bastante é um daqueles paradoxos "ai de você se fizer, ai de você se não fizer", que frequentemente afligem as mulheres e se tornam mais problemáticos à medida que você avança para um nível mais alto. A dor de lidar com esse enigma e a dificuldade de localizar aquele equilíbrio ideal entre colocar tudo para fora e manter-se sob controle adicionam uma carga extra que pode fazer você sentir como se ali não fosse o seu lugar.

Se você trabalha em um ambiente predominantemente masculino, os efeitos negativos de expressar seus sentimentos podem ser agravados pela dificuldade que os homens geralmente têm de responder às mulheres. Alguns homens têm raiva da capacidade das mulheres de se abrir. Eles tiveram que reprimir manifestações de mágoa e medo durante toda a vida, então por que as mulheres deveriam poder mostrar seus sentimentos? Parece injusto; como se fosse uma forma de privilégio feminino. Outros homens se sentem manipulados por qualquer expressão forte de emoção feminina, porque acreditam que precisam "fazer algo" para amenizá-la ou contê-la. Se eles não sabem o que fazer, talvez se sintam magoados. O resultado é que todo esse negócio da expressão emocional pode ser uma mina terrestre para as mulheres.

O alcance emocional das mulheres, obviamente, não se limita a expressar vulnerabilidade. Você também pode receber um feedback dizendo que está "entusiasmada demais" porque reage a novas ideias e sugestões com um endosso imediato e sincero. Em muitos casos, um simples desejo de apoiar e encorajar os outros está na raiz dessa reação. Mas, em uma cultura fechada, isso é mal interpretado.

Nós vimos mulheres vacilarem em ambos os lados da questão "demais/não o bastante". Mas também observamos mulheres acharem uma solução que lhes é benéfica. Reconhecendo que o sucesso em qualquer empreendimento requer disciplina, elas encontram uma maneira de levar suas reações imediatas à plena consciência e, então, respondem com entusiasmo temperado pela experiência e intenção. Ao passo que esse modo de reagir se torna um hábito, elas assumem uma gravitação emocional que extrai integridade da intensidade do esforço.

Os culpados costumeiros no cenário "demais" para as mulheres são emoções demais, palavras demais e revelações demais. E, embora o caminho para abordar essas críticas seja semelhante, cada uma exige diferentes particularidades.

EMOÇÕES DEMAIS

Em seu trabalho com clientes do sexo masculino, Marshall percebe que a raiva é a emoção que provavelmente mais os atrapalhará. Como ele observa em *Reinventando o Seu Próprio Sucesso*, homens bem-sucedidos que explodem de raiva muitas vezes justificam fazê-lo como uma "ferramenta útil de gerenciamento". Eles imaginam que é uma maneira eficaz de motivar os funcionários lentos e enviar uma mensagem forte sobre a importância do que está sendo dito. No entanto o uso rotineiro da raiva realmente tem o efeito oposto, fazendo com que as pessoas desliguem, fiquem dispersas e percam a motivação.

Naturalmente, mulheres e homens reagem com raiva no trabalho. Mas, em nossa experiência, as mulheres são mais propensas a exibir emoções fortes na forma de ansiedade, ressentimento, frustração ou medo. E a expressão dessas sensações dolorosas é a principal razão pela qual muitas mulheres são rotuladas como voláteis ou "sentimentais demais".

Os homens também sentem essas emoções. Mas eles se habituaram a reprimi-las ou a canalizar o medo e a ansiedade para a agressão. A mensagem de que a raiva é a única maneira aceitável para os homens exibirem emoção é transmitida desde a infância e encontra reforço nos esportes de equipe, nos quais a raiva pode ser vista como um sinal de impulso competitivo.

Pais e professores (assim como treinadores) tendem a dar às meninas mais liberdade para demonstrar mágoa, medo e frustração ou mostrar sua vulnerabilidade de outra forma. Por isso, não é surpreendente que as mulheres tendam a se sentir mais à vontade para expressar essas emoções. Mas, dado que o modelo de liderança na maioria das organizações foi definido pela imagem masculina, essas emoções encontram pouca aceitação, embora sejam geralmente menos destrutivas do que a raiva.

Vamos deixar algo claro. O que você *sente* não é o problema. Não existe essa coisa de emoção boa ou ruim. Suas emoções têm um valor enorme. Elas fornecem informações úteis sobre a situação em que você está, pistas vitais que seria prudente você prestar atenção. Emoções são a fonte da sua intuição e a principal fonte de energia e paixão. Elas tiram você da cama de manhã e a mantêm engajada quando as coisas ficam difíceis.

Por isso, é de suma importância reconhecer o que você está sentindo a qualquer momento, identificar e aceitar as emoções que suas circunstâncias estão provocando. No entanto *falar* enquanto estiver sentindo fortes emoções geralmente é uma ideia ruim. Suas percepções sobre de quem é a culpa podem estar distorcidas. Você pode estar exagerando. Você pode parecer melindrosa ou fora de controle. E certamente você não conseguirá calibrar sua reação de maneira que cause o máximo de impacto.

Recapitulando: sentir e identificar sua emoção lhe dá poder. Reagir ao que você sente joga esse poder pela janela.

Rosa, natural da Colômbia, é executiva de uma construtora com projetos em toda a bacia amazônica. Ela também é cliente de um dos nossos colegas de coaching. É raro encontrar uma mulher nesse cargo, nessa parte do mundo e nesse setor, mas Rosa atribui boa parte de seu sucesso à sua capacidade de aproveitar suas fortes emoções e fazê-las trabalhar a seu favor.

Aprender a fazer isso não foi fácil. No início de sua carreira, Rosa era frequentemente estereotipada como uma latina de pavio curto; e o fato de que ela parecia com a Sofia Vergara não ajudava em nada. Mas ser chamada de "sentimental demais" fez com que Rosa decidisse encontrar uma maneira de controlar e usar suas emoções em vez de permitir que elas a atrapalhassem.

Ela descreve uma situação típica. "Recentemente, eu estava em uma reunião em São Paulo. Tínhamos acabado de nos encontrar com alguns parceiros de investimento e as coisas não correram bem. Nossa equipe executiva estava desabafando sobre o que eles ouviram e duvidando da sinceridade dos nossos parceiros. Mas a emoção principal que eu continuava ouvindo deles era o desespero. Do tipo *custe o que custar, temos que fazer isso dar certo*."

Como a única mulher na sala, Rosa sabia que não podia se dar ao luxo de se exaltar. Então ela fez o que ela sempre tenta fazer. "Esperei pacientemente, ouvi o que todo mundo estava dizendo e tentei entender o que *eu* estava sentindo. Percebi que a minha emoção dominante era o medo. E que, enquanto parte de mim queria prosseguir com o acordo, no qual estávamos trabalhando há mais de um ano, eu sabia dentro de mim que isso seria um erro."

Quando tinha certeza do que estava sentindo e percebeu uma pausa na conversa, Rosa falou, mantendo a voz firme e baixa. Eis o que ela disse:

"Sinto-me obrigada a ser muito honesta com vocês como meus colegas. Estou desconfortável com o rumo que este projeto está tomando e sinto que muitos de vocês também se sentem assim. Vocês todos sabem que eu tenho um bom histórico de exatidão quando ouço meus instintos, e estou ouvindo-os agora. Este negócio ainda parece ótimo no papel, então eu entendo que pareça interessante. Mas receio que não tenhamos pensado nas implicações da parceria com essa empresa. Acredito que nossa parceria com eles poderia manchar nossa reputação e trazer críticas em público que poderiam nos prejudicar por anos. Então, eu recomendo que paremos um pouco para pensar e façamos mais pesquisas. Fico feliz em trabalhar com qualquer pessoa que queira se juntar a mim nesse esforço. Sei que não é isso que vocês querem ouvir, mas preciso honrar meu forte senso de qual deve ser nosso próximo passo."

A maneira de responder de Rosa era poderosa: confiante, equilibrada e autêntica, explicitamente enraizada na emoção, mas expressa em termos que apelam para a lógica e o senso comum. Ela não reprimiu o medo que estava sentindo, mas adotou um tom controlado, em vez de apavorado, que dava aos colegas permissão para respirar e reavaliar suas emoções.

A proposta de Rosa para trabalhar com alguns dos homens presentes para obter mais informações também foi altamente intencional. Assegurava que ela teria aliados caso suas descobertas confirmassem que sua empresa precisava abandonar o projeto. Isso faria com que ela não fosse a única a avisar com antecedência que um desastre aconteceria e nenhuma atenção ser dada — um papel ingrato que as mulheres que estão em contato com suas respostas intuitivas geralmente assumem.

É importante notar o quão inteiramente autêntica Rosa foi, com que precisão ela descreveu seu medo e com que firmeza ela falou sua verdade. Como uma mulher que no passado tinha sido criticada por ser "sentimental demais", Rosa sabia que seu poder estava em reconhecer a natureza precisa de sua emoção, manter um tom autoritário, fundamentado no entusiasmo, mas guiado pela perspectiva.

PALAVRAS DEMAIS

Pesquisas mostram que as mulheres falam em média 20 mil palavras por dia, enquanto os homens falam em torno de 7 mil. Por isso, não é de surpreender que as mulheres que trabalham em culturas centradas no sexo masculino e que privilegiam ser conciso frequentemente recebam feedback de que são muito falantes ou falam coisas desnecessárias.

Hábito 10: Demais

Objeções típicas incluem levar muito tempo para chegar ao ponto, dar muitas explicações antes de dar uma sugestão, falar frases longas em vez de pontos objetivos, obscurecer o tópico principal com observações paralelas, explicar demais, dar vários argumentos e exemplos, ficar falando sem parar e dar explicações em vez de esperar que elas sejam solicitadas.

Esse uso excessivo de palavras pode ser causado pela insegurança, mas muitas vezes é simplesmente um hábito contraproducente enraizado em comportamentos que podem refletir seus maiores pontos fortes. Estes incluem um dom para gerar intimidade e forjar relacionamentos fortes, um cuidado genuíno e interesse pelos outros, e a capacidade de perceber detalhes importantes que os outros negligenciam. O desafio de se tornar uma comunicadora mais eficaz é manter esses pontos fortes ao mesmo tempo em que lida com os hábitos que prejudicam você.

Em seus workshops, Sally frequentemente trabalha com mulheres para se tornarem mais concisas. Recentemente, ela recebeu um reforço poderoso. Ela estava realizando um workshop de um dia em Singapura com um grupo de mulheres de alto potencial em uma empresa global de biotecnologia e moderando um painel de líderes seniores. Sally perguntou a Sherry, uma palestrante que liderou a pesquisa mundial de diabetes para a empresa, o que ela acreditava ter sido a qualidade que resultou no seu sucesso.

Sem hesitar, Sherry citou sua capacidade de ser concisa.

Ela explicou que desenvolveu essa habilidade durante sua carreira médica antes de ingressar na empresa. Ela disse: "Fazer turnos como residente e depois trabalhar em consultórios particulares por 20 anos me forçou a ser sucinta, embora eu seja do sul dos EUA e tenha o típico dom de falar. Mas, quando você está nesse ramo, você tem um tempo extremamente curto com pacientes e muitas informações importantes para passar. Por isso, aprende a se concentrar no que é mais essencial. Se você começar a elucubrar ou entrar em detalhes, ficará sem tempo e deixará de lado a próxima pessoa. Além disso, você pode sobrecarregar seus pacientes com muitos fatos."

Os esforços de Sherry provaram ser uma grande preparação para o mundo corporativo, no qual o tempo de atenção pode ser extremamente curto e a mentalidade de "termina logo de falar" prevalece, especialmente nos níveis seniores. Ela observou: "Depois das reuniões, os executivos do sexo masculino comentavam sobre a rapidez com que eu tinha chegado ao ponto. Era como se eu tivesse feito algum tipo de milagre!" Sherry começou a notar como muitos desses líderes mais antigos eram impacientes com mulheres menos concisas.

Ela disse: "As mulheres da nossa empresa são ótimas, mas muitas delas falam demais. Há um tom masculino definido nas reuniões aqui, uma expectativa de que as pessoas sejam muito concisas e nunca digam nada supérfluo. Isso é visto como profissional e autoritário. As mulheres geralmente gostam de começar com uma história para explicar o contexto — 'deixe-me dizer como me ocorreu essa ideia' — e oferecem muitos detalhes. É assim que elas falam umas com as outras, o que é bom. Mas os homens daqui, especialmente no nível executivo, tendem a perder o interesse quando há muita elaboração. E, quando perdem o interesse, perdem o interesse *rápido*."

Sherry comenta que ser concisa requer preparação. "Você precisa reduzir tudo ao mínimo, o que significa pensar com antecedência sobre o que é mais importante. Se esse não é seu estilo natural de falar, se você tende a ser mais expansiva, isso exigirá algum esforço, até mesmo ensaio. Mas, com a prática, é uma habilidade que as mulheres podem aprender facilmente."

Sherry agora usa muito o coaching interno para ajudar as mulheres de sua empresa a serem mais sucintas. Antes de uma reunião, ela talvez combine de mandar um sinal sutil se perceber que uma colega está demorando demais. "É realmente útil que as mulheres saibam em tempo real quando não estão sendo tão eficazes quanto poderiam ser. Elas aceitam isso de mim porque sabem que estou do lado delas e porque querem causar mais impacto. Agora vejo as mulheres sinalizando umas às outras quando ouvem frases como 'deixe-me dar um pouco de contexto'. Esse tipo de apoio realmente está fazendo a diferença."

REVELAÇÕES DEMAIS

Revelar é outro comportamento "demais" que pode atormentar as mulheres no local de trabalho, prejudicando sua capacidade de serem vistas como profissionais confiáveis e discretas que se portam como líderes. Em nossa experiência, as mulheres que revelam demais geralmente fazem isso por uma de duas razões. Ou elas assumem que construir boas relações e encontrar uma base em comum exige o compartilhamento de informações pessoais ou estão convencidas de que a autenticidade depende de revelar detalhes.

Vamos analisar essas crenças, uma por vez.

Não é difícil entender por que as mulheres talvez assumam que a construção de relacionamentos fortes é sustentada pela revelação de informações pessoais. Pesquisadores como Deborah Tannen, que estudam os estilos de comunicação feminina, observam que as mulheres usam informações pessoais como meio principal de se relacionar umas com as outras. Elas compartilham esperanças e sonhos pessoais, mas também dissecam suas falhas e problemas, detalham dúvidas sobre si mesmas e revelam os detalhes confusos de relacionamentos problemáticos. Essa troca franca de vulnerabilidades em comum cria uma sensação de intimidade e é considerada um sinal de confiança.

Em contraste, os homens raramente constroem relacionamentos trocando intimidades ou dissecando problemas. De fato, é mais provável que os homens se conectem uns com os outros por fazerem coisas juntos, muitas vezes em situações altamente competitivas. Assim, um sutil (ou não tão sutil) comportamento de aparentar ser melhor que o outro com frequência caracteriza o vínculo masculino. Essa dinâmica não abre espaço para o compartilhamento de vulnerabilidades.

A diferença nos estilos de vínculo entre homens e mulheres geralmente favorece as mulheres, tornando-as mais propensas que os homens a formar amizades íntimas e duradouras. Muitos pesquisadores acreditam que o entusiasmo das mulheres para construir amizades pessoais íntimas e sistemas de apoio resilientes seja um dos motivos pelos quais as mulheres vivam mais do que os homens e relatem ser mais felizes em quase todas as culturas, exceto naquelas em que sua autonomia é severamente restringida.

Mas os padrões culturais do local de trabalho em todo o mundo foram quase inteiramente estabelecidos pelos homens, especialmente no nível de liderança. A confiança no trabalho é geralmente vista como uma questão de competência e confiabilidade, em vez de trocas francas sobre como você se comporta. É por isso que a revelação rotineira de particularidades pessoais, especialmente o compartilhamento de dúvidas e fraquezas — "eu acho que sou insegura" ou "às vezes me sinto solitária neste trabalho" —, é mais provável que diminua sua credibilidade do que ganhe um lugar no coração de seus colegas de trabalho. Embora o teor emocional do local de trabalho esteja mudando à medida que as mulheres ganham maior influência e as informações pessoais são mais liberalmente compartilhadas do que no passado, revelar demais ainda representa uma mina terrestre para muitas mulheres.

O hábito de revelar demais também pode estar enraizado na simples crença de que falar sobre seus problemas e fraquezas seja o caminho mais direto para ser, e ser vista como, autêntica.

A autenticidade tornou-se uma palavra-chave no local de trabalho nos últimos anos, com muita ênfase sobre a importância de trazer o seu "verdadeiro eu" para o ambiente de trabalho. A ideia é que ser totalmente você a libertará para ser mais criativa, se conectar mais profundamente com os colegas e encontrar um engajamento mais intenso com o seu trabalho.

Certamente há um fundo de verdade nisso, e fingir que você é alguém que você não é nunca será uma boa ideia. Mas a ênfase implacável na autenticidade pode ser uma armadilha, obscurecendo as fronteiras que a maioria das organizações continua a honrar e a impor, mesmo quando cantam os louvores do engajamento autêntico. E é uma armadilha muito mais provável de enlaçar as mulheres, que podem se sentir encorajadas a abandonar qualidades como profissionalismo e discrição na busca por serem totalmente autênticas.

CAPÍTULO 15

Hábito 11: Ruminar

Ruminar é uma variação de Apegar-se ao Passado, que era o Hábito 13 no livro *Reinventando o Seu Próprio Sucesso* de Marshall. Se você se apega ao passado, provavelmente gasta muito tempo revivendo experiências infelizes que aconteceram. Você gasta energia na tentativa de reescrever os eventos em vez de aceitá-los e seguir em frente. Você reflete, você revive, você reencena, você se arrepende. Você diz a si mesma que está entendendo as coisas para saber exatamente o que deu errado. Mas, em um dado ponto, rever o que deu errado em algum momento no passado começa a prejudicá-la e a atrapalhar sua capacidade de progredir.

Homens e mulheres saem dos eixos ao se concentrarem no passado. Mas eles geralmente o fazem de maneiras diferentes. Na experiência de Marshall, os homens que se apegam ao passado tendem a culpar os outros por aquilo que acreditam ter corrido mal em suas próprias vidas ou carreiras, criando desculpas para si mesmos e direcionando seu arrependimento para o mundo exterior. O resultado é a raiva. Isso não é surpreendente, já que a raiva é a emoção que os homens geralmente ficam mais à vontade para expressar, como as pesquisas confirmam e conforme observamos no capítulo anterior.

As mulheres, por outro lado, são mais propensas a direcionar o arrependimento para o mundo interior, culpando-se e dissecando seus próprios erros. Você pode se estressar sobre pequenas situações embaraçosas e minúsculos mal-entendidos dos quais você acha ter sido culpada. Ou você pode agonizar com erros que realmente a atrapalharam, mas dos quais já passou da hora de você desapegar.

Rotineiramente remoer seus erros, arrependimentos e experiências negativas recebe o nome de ruminar. É um hábito mental que os psicólogos dizem ser mais encontrado em mulheres do que em homens. Isso ocorre porque as mulheres não apenas passam mais tempo revivendo seus contratempos, mas tendem a acreditar que tudo o que deu errado foi culpa delas.

Esse hábito não ajuda as mulheres.

A palavra *ruminar* dá uma pista sobre o que está envolvido. Tecnicamente, ruminar descreve o que os ruminantes fazem. Os ruminantes são animais como as vacas, cabras, ovelhas e veados que vivem exclusivamente de vegetação e lutam para extrair proteínas suficientes para a sua dieta. Para resolver o problema, a evolução forneceu aos ruminantes um estômago especial que pré-digere a comida. O alimento então retorna para a boca, onde é decomposto em mais um processo de mastigação antes de seguir para um segundo estômago, onde será digerido. Esse processo é popularmente conhecido como "mascar". E, embora seja uma estratégia evolutiva brilhante para os ruminantes, pouco agrega para os seres humanos.

Se você passar tempo ruminando, você pode dizer a si mesma que está refletindo. Você pode imaginar que isso ajudará a evitar erros no futuro. Ou você pode subconscientemente acreditar que *merece* se sentir péssima porque seu comportamento ficou aquém de um ideal imaginado ou enviou um sinal que não era sua intenção.

Mas, na verdade, há pouca proteína a ser extraída dos bocados bem-mastigados de autodesprezo que você, como ruminante humana, continua ruminando. Quando você rumina está, na realidade, se repreendendo, envolvendo-se em um tipo de conversa interna que pode beirar o abuso.

Ao fazer coaching, Marshall vê mulheres no auge do sucesso que, no entanto, constantemente remontam a seus erros e assumem a responsabilidade por eventos sobre os quais, na verdade, elas tinham pouco controle. Ele percebe que a energia que essas mulheres desperdiçam ao sentirem-se mal consigo mesmas diminui sua capacidade de serem eficazes e de colherem os benefícios de suas excelentes habilidades de liderança.

Enquanto os homens praticam muitos comportamentos autodestrutivos, Marshall raramente encontra homens afundados na autopunição. Eles são mais propensos a dizer: "Eu cometi um erro. Todos nós fazemos isso. É hora de seguir em frente."

SENTIR-SE PIOR E ESTAR ESTAGNADA

Ruminar é contraproducente por dois motivos. Primeiro, isso sempre faz você se sentir pior. E, segundo, atrapalha sua capacidade de resolver seus problemas.

Você se sente pior porque quanto mais você fica ponderando sobre eventos passados, mais seu cérebro se acostuma a ruminar. À medida que os sulcos neurais de autoculpa e arrependimento se consolidam, a ruminação torna-se sua configuração-padrão. Então, quando algo dá errado — o que, sendo esta a vida na Terra, com frequência acontece —, você imediatamente começa a executar novamente seus filmes mentais padrão. *Por que eu disse isso? O que ela deve ter pensado? Quando vou deixar de ser tão idiota? Será que eu nunca vou aprender? O que raios há de errado comigo?*

Esses roteiros autoacusativos são perfeitamente calculados para deprimi-la. E, de fato, os psicólogos traçam uma linha reta de causa-consequência entre a ruminação crônica e a depressão crônica. Persistir no pensamento negativo e repreender-se é ruim para sua saúde, física e mental. E, quanto mais sua mente for consumida por autoacusações sombrias, pior você se sentirá.

Ruminar também inibe a ação para remediar o motivo pelo qual você está ruminando. Os pesquisadores observam que ruminadores muitas vezes continuam analisando sua situação, mesmo *depois* de terem traçado um plano para lidar com isso. De fato, os ruminadores gastam tanto tempo refletindo sobre as situações que muitos nunca chegam a encontrar uma solução. Eles ficam mais confortáveis permanecendo presos no problema.

No entanto o simples ato de ficar pensando no assunto pode fazer com que você se sinta produtiva. Isso lhe dá uma boa desculpa para continuar agindo assim. Você diz a si mesma que dissecar completamente a sua situação permitirá que você faça as coisas de maneira diferente no futuro. Mas o fato é que, quanto mais você rumina, mais você adia mudar os comportamentos que estão lhe causando sofrimento.

Susan Nolen-Hoeksema, que até sua morte precoce era a principal pesquisadora sobre a questão da ruminação, acreditava que as mulheres se predispõem a isso por causa do alto valor que atribuem aos relacionamentos. Embora sua atenção aos outros possa ser uma fonte de força, também pode levar as mulheres a dedicar um tempo excessivo ao processamento do conteúdo, muitas vezes ambíguo, de interações simples e a vasculhar as observações do acaso em busca de possíveis significados. *Por que ele diria isso? Será que foi algo que eu fiz? Será que ele interpretou mal o que eu quis dizer? Será que isso significa que ele não confia em mim ou não gosta de mim?*

"Analisar é paralisar" é um slogan feito para ruminadores. Portanto, não é surpreendente que a frase seja muito usada em programas de recuperação em 12 passos ou que a ruminação crônica seja considerada um fator de risco para o abuso de substâncias que causam dependência. Você cria um inferno em sua mente e depois tenta escapar usando comida, álcool em excesso ou comportamentos compulsivos. Mas ele está sempre à sua espera quando a farra termina. Dessa forma, a ruminação funciona como um vício.

LIBERTANDO-SE

As pesquisas da Dra. Susan levaram-na a acreditar que a interrupção e a distração eram o meio mais eficaz de frear a ruminação. Um encontro inesperado ou um momento específico de feedback é muitas vezes o necessário para livrar o ruminador de seu torpor autoimposto.

Tal encontro ajudou a quebrar o ciclo de Liza, uma produtora de filmes com quem Sally trabalhou. Liza tinha desfrutado de sucesso logo no começo de sua carreira como gerente de produção de uma empresa de filmes pequena, mas altamente lucrativa, na qual rapidamente desenvolveu um relacionamento caloroso com seu CEO. Joe valorizava a habilidade de Liza em manter os custos baixos e em realizar projetos dentro do prazo sem nunca deixar de lado o talento, mesmo com suas muitas demandas. Depois de alguns anos, Joe garantiu que Liza se reportasse diretamente a ele. Ela começou a vê-lo como um membro da família.

Mas um influxo de capital proveniente de um novo investidor pareceu acender as ambições de Joe. Ele contratou um novo produtor para lidar com alguns acordos de alto com orçamentos. Mike era mais jovem que Liza, mas tinha muita experiência dento de estúdios. Embora seus cargos fossem relativamente sem muita proeminência, ele tinha uma grande visão sobre si e tinha ideias ainda maiores. Joe parecia deslumbrado com seu jovem craque e colocou Mike sob suas asas, aprovando até projetos mal pensados que queimavam dinheiro. Os projetos de Liza continuaram a receber financiamento, mas foram cada vez mais considerados como secundários: projetos de baixo orçamento que poderiam sustentar a marca da empresa que tinha maior visibilidade.

Isso deixou Liza louca. "Eu fui de a favorita de Joe para uma ninguém na empresa. Eu costumava ir aos festivais de cinema e às festas com Joe, mas agora ele convidava Mike. Mike era como o filho de Joe, enquanto eu era a enteada de quem ele tinha vergonha. Eu estava sendo totalmente consumida pela ideia de tentar descobrir o que eu havia feito de errado. Será que Joe sempre detestou os meus filmes? Será que ele achava que eu não fazia muito o estilo de Hollywood? Será que eu deveria me arrumar melhor para ir trabalhar? Será que eu deveria ser mais gentil com sua nova esposa? Ou será que ele me odiava porque eu tinha sido muito simpática com a sua ex?"

Quanto mais Liza pensava no assunto, mais ela se sentia deprimida e isso fez com que ela começasse a se esconder em seu casulo. Ela se sentia isolada, rejeitada e muito sozinha. Um dia, sem querer, encontrou com a ex-mulher de Joe em uma cafeteria depois de um dia de trabalho particularmente desanimador, e foi esse encontro que finalmente tirou Liza do que estava rapidamente se tornando uma espiral descendente de ruminação.

Ela diz: "Ida e eu ficamos muito felizes de nos ver. Eu não tinha percebido o quanto sentia falta dela. Começamos a conversar e, depois de um tempo, abri meu coração sobre tudo o que tinha acontecido envolvendo Joe e Mike. Ela ouviu por um longo tempo e depois me interrompeu. Ela disse: 'Liza, eu continuo ouvindo você tentando descobrir o que você fez de errado, mas você tem que perceber que isso não tem nada a ver com você. Isso tem a ver Joe e seu desejo de mudar tudo na vida dele — sua família, onde ele mora, sua empresa, quem ele é na indústria, com quem ele anda. Por favor, pare de tentar descobrir o que aconteceu ou como poderia ter sido diferente. Comece a pensar sobre o que *você* vai fazer. Foi o que eu fiz — e eu era a esposa dele. Deve ser mais fácil para você fazer isso.'"

A conversa teve um grande efeito em Liza. Para começar, forçou-a a revisar seu roteiro de autoculpa. Uma vez que ela aceitou que a crise de Joe não tinha nada a ver com ela, viu a futilidade de reviver isso sem parar em sua mente. Quando sua fase autoacusatória passou, pôde se concentrar em seu próprio futuro. Claramente, ela tinha uma escolha a fazer. Ela podia aceitar que havia muitas coisas que ainda amava em seu trabalho e superar essa situação. Ou ela poderia levar suas habilidades para uma nova empresa na qual poderia ser mais valorizada.

Depois de alguns meses, Liza decidiu deixar o emprego. Ela diz: "Foi difícil, porque eu tinha crescido na empresa, mas, quando estava pronta para me demitir, meu maior sentimento era o de gratidão pelas oportunidades que me tinham sido dadas. Joe tinha feito muito por mim, mas agora era hora de começar a olhar para frente. Se Ida tinha conseguido, eu também poderia."

HOMENS SEGUEM EM FRENTE

É claro que é melhor parar a ruminação antes que o hábito se estabeleça; lutar sempre que um roteiro negativo chegar aos seus pensamentos. Gina, a principal executiva de marketing de uma empresa de mídia e ex-cliente de coaching de Julie Johnson, encontrou uma maneira simples de fazer isso. Julie ficou sabendo disso durante um almoço quando perguntou a Gina o que havia sido mais útil no trabalho que tinham feito juntas.

Gina disse: "Com certeza, o mais importante foi quando você me disse: *os homens seguem em frente*. Eles podem ter seus defeitos, mas geralmente não se preocupam muito com esses defeitos. E, agora, eu sinto nessas reuniões executivas cheias de conflitos e joguinhos de poder, e minha mente fica realmente tentando entrar em sua antiga configuração-padrão. Talvez eu pense: *será que Peter acha que minha ideia é boba? Será que eu fui uma idiota por ter dito isso? E será que eu realmente pertenço a este lugar com todos esses caras tão bem-sucedidos?* Em outras palavras, eu vou me afundando no problema, dizendo a mim mesma que não sou boa o suficiente, mas depois consigo me reerguer. Eu faço isso por me lembrar de que *os homens seguem em frente*. O que quero dizer é que: *os homens seguem em frente, então eu também consigo seguir em frente*. Eu não tenho que ficar com esses pensamentos negativos. Eu posso encontrar uma maneira de me desapegar deles."

Julie diz: "Eu amei quando Gina me disse isso. Porque, na minha experiência, ruminar é um verdadeiro assassino para as mulheres. Mantém mulheres brilhantes e talentosas estagnadas. Além disso, pode destruí-las no nível executivo, no qual você precisa parecer, e *ser,* confiante e decidida, porque, nesse nível, você está perto de homens que realmente sabem como seguir em frente."

Então, se você se identificar como uma ruminadora, por favor, escreva um novo roteiro para si mesma. E, com firmeza, repita depois de nós: *ruminar é para vacas!*

CAPÍTULO 16

Hábito 12: Permitir que Seu Radar Distraia Você

Um dos grandes pontos fortes das mulheres é a sua capacidade de perceber muitas coisas de uma só vez. Ao pesquisar para o livro *The Female Vision*, Sally e Julie Johnson descobriram que os neurocientistas documentaram essa capacidade usando ressonâncias magnéticas funcionais, as quais dão uma imagem do cérebro em funcionamento. Esses exames mostram que, quando as mulheres processam informações, seus cérebros se iluminam em muitas regiões diferentes, absorvendo uma multiplicidade de detalhes. Em contraste, quando os homens processam informações, sua atividade cerebral tende a se concentrar em uma região.

O resultado? A atenção das mulheres na maior parte das vezes funciona como um radar, analisando o ambiente, captando uma vasta gama de pistas e prestando atenção ao contexto. Ao passo que a atenção dos homens opera mais como um laser, focalizando sem vacilar e absorvendo informações em sequência.

Claro, todos os seres humanos estão em pontos diferentes nesse espectro. Algumas mulheres têm um estilo de percepção mais do tipo laser e alguns homens têm um radar mais desenvolvido. Estilos de percepção também mudam ao longo do tempo, dependendo de como eles são usados. Como os circuitos neurais humanos se adaptam, crescem e diminuem à medida que você pratica diferentes comportamentos, seu cérebro desenvolve novas habilidades, dependendo de quais circuitos são usados. Portanto, se o seu trabalho exige que você analise muitos dados, suas rotas neurais se tornarão mais semelhantes ao laser com o passar do tempo. Se o seu trabalho exige que você perceba as reações das pessoas, as rotas neurais que auxiliam o radar se tornarão mais robustas.

Ainda assim, a generalização sobre os diferentes estilos de percepção masculina e feminina permanece essencialmente verdadeira, como confirmam os resultados de fMRI. Isso faz sentido, uma vez que nossas formas distintas de percepção evoluíram ao longo de centenas de milhares de anos. As diferenças provavelmente remontam à era dos caçadores-coletores, quando os homens eram responsáveis por caçar grandes animais em busca de comida, uma habilidade que requeria foco, e as mulheres coletavam nozes, raízes e frutos, atividades que dependiam de um amplo espectro de observação. Ter a carga primária de cuidar de crianças pequenas, uma demanda que permaneceu constante ao longo dos milênios, sem dúvida contribuiu para a capacidade de percepção que as mulheres têm semelhante ao radar.

Um problema para as mulheres é que as organizações ainda privilegiam a percepção tipo laser — "chegue logo ao ponto" — e veem isso como um comportamento de liderança. Isso não é surpreendente, dado que, até algumas décadas atrás, as organizações eram lideradas quase inteiramente por homens. No entanto um radar bem desenvolvido pode ser um poderoso recurso no ambiente de trabalho. Estar altamente sintonizada com os detalhes dos relacionamentos e com o que as pessoas estão sentindo permite que você se sobressaia ao motivar outros, fazendo com que eles fiquem animados. Ajuda você a negociar e se comunicar com sensibilidade e habilidade. Auxilia na colaboração e trabalho em equipe. E o radar ajuda você a construir amizades íntimas que sustentam sua resiliência quando as coisas ficam difíceis.

O LADO SOMBRIO DO RADAR

Mas, como acontece com qualquer ponto forte, o radar tem seu lado sombrio. Um radar bem desenvolvido pode dificultar a filtragem de distrações inúteis, dispersando sua atenção e prejudicando sua capacidade de estar presente. O radar pode degradar sua capacidade de compartimentar as percepções que podem prejudicar sua confiança e sua capacidade de desempenho.

O radar também pode ser, em parte, responsável pela tendência que as mulheres têm de serem muito duras consigo mesmas. Ser hiperconsciente das reações de outras pessoas pode alimentar o fogo da dúvida e fazer com que você pense demais em suas ações. Ter um radar ativo pode, portanto, ser parcialmente responsável se você tem uma tendência para ruminar. Especialmente se você colocar um filtro negativo no que você percebe.

Taylor é uma coach executiva de sucesso cujo radar aguçado a ajuda perceber o que seus clientes precisam. Ela diz: "Sou muito confiante cara a cara — você tem que ser assim quando é coach. Mas eu fico preocupada demais em grupos maiores porque tem muita coisa acontecendo, são muitas reações para ler. Isso pode atrapalhar minha concentração no que *eu estou* tentando fazer."

Seu radar a atrapalhou recentemente quando pediram que ela fizesse uma apresentação dando uma visão geral de seu trabalho para 50 potenciais clientes corporativos. Taylor lidou com o nervosismo se preparando muito e se sentiu razoavelmente confiante no início de sua apresentação. Mas em cerca de 10 minutos sua concentração começou a se dissipar.

Ela diz: "Tudo começou quando notei esse cara na frente da sala que parecia cético em relação a tudo o que eu dizia. Ele parecia irritado por ter que estar lá. Eu continuei tentando descobrir o que estava incomodando-o, e isso me distraiu um pouco. Então uma mulher no fundo da sala começou a acenar com a mão. Mesmo que ainda não estivéssemos na parte de perguntas e respostas, eu senti que tinha de chamá-la. Ela se levantou e disse que minha palestra não era o que ela tinha sido induzida a esperar. Aparentemente, um dos sites do evento prometeu que eu falaria sobre como estruturar os departamentos internos de coaching. Eu não sei como isso aconteceu, mas essa não é a minha especialidade."

A objeção da mulher pegou Taylor de surpresa, e ela ouviu-se pedindo desculpas e perguntando o que poderia dizer que poderia ser mais útil. "Então a mulher começou a falar sobre os problemas de coaching de sua empresa, e realmente não parou de falar e reclamar. Eu conseguia notar que as pessoas na sala estavam ficando inquietas, mas ela simplesmente continuou forçando a barra. Quando consegui falar de novo, tive que correr com o resto das minhas observações. Eu me senti aliviada quando meu tempo acabou e o próximo palestrante assumiu."

Na mesa do bufê durante o intervalo, Taylor correu até Mirette, uma colega que é uma ótima oradora. "Eu disse a ela que minha palestra não tinha dado certo, e ela olhou para mim com empatia. Claro, isso confirmou minhas piores suspeitas."

Na manhã seguinte, Taylor deixou uma mensagem de voz para Mirette pedindo para agendar uma conversa rápida. Mirette ligou de volta imediatamente. "Eu disse a ela que queria uma crítica honesta sobre o que deu errado. Ela disse que ficaria feliz em ajudar. Falou que eu já parecia estar distraída antes de a mulher me interromper e perguntar o que estava acontecendo. Eu falei sobre o cara na primeira fileira e como eu ficava me perguntando por que ele parecia tão negativo. Como eu já estava tendo dificuldades quando a mulher começou a falar, fiquei nervosa com a decepção dela e senti que tinha que lidar com aquilo."

Mirette apontou dois problemas. "Primeiro, o cara na primeira fileira. *E daí* se ele parecia que ele não queria estar lá? Talvez ele tivesse brigado com a esposa naquela manhã. Talvez ela tivesse dito que estava pedindo o divórcio. Talvez ele estivesse doente, ou de ressaca, ou bravo com seu chefe. O ponto é que você não tinha como saber. Mas você decidiu que tinha que estar relacionado a você."

"Em segundo lugar," disse Mirette, "você não deveria ter tentado resolver o desapontamento da mulher. Em qualquer grande multidão, há alguém como ela, alguém irritante que tenta chamar atenção e continuar falando. Esse tipo de pessoa só terá êxito se você, como palestrante, permitir. Até onde você sabe, metade das pessoas na plateia a ouviram fazer isso uma dúzia de vezes e estavam esperando desesperadamente que você a calasse."

"Você provavelmente está certa", disse Taylor. "Mas o que eu deveria ter feito?"

"A melhor maneira de lidar com uma pessoa assim é dizer que você sente muito que ela esteja decepcionada e, imediatamente e com muita firmeza, seguir em frente. Não lhe dê a chance de responder. Você não está lá para satisfazê-la, e, como palestrante, parte do seu trabalho é proteger seu público das pessoas que querem tirar o foco. Se você não fizer isso, sempre perderá o interesse dele."

A avaliação franca de Mirette ajudou Taylor a ver que ela estava tão ocupada tentando ler seu público e descobrir se estava satisfazendo as expectativas dele que perdera de vista o conteúdo de sua apresentação e até mesmo o seu propósito em dar a palestra. Seu radar nitidamente aguçado, uma fonte de sucesso em sua carreira de coaching, a desestabilizou em um grupo maior.

A COLUNA DA ESQUERDA

O problema subjacente de Taylor era sua incapacidade de estar presente para seu público e o que estava acontecendo na sala, ao mesmo tempo em que fazia sua apresentação bem preparada. Isso aconteceu porque, como o psicólogo Chris Argyris dizia, ela permitiu que sua coluna da esquerda sobrepusesse sua coluna da direita.

Chris fez essa famosa distinção ao descrever como os humanos distribuem sua atenção. Na sua coluna da esquerda, estão os pensamentos e as observações aleatórias que percorrem seu cérebro enquanto você faz outra coisa, formando seu fluxo de consciência. Na coluna da direita, está a tarefa ou a conversa para a qual você deveria estar presente.

É fácil ver como um radar altamente aguçado pode superestimular sua coluna da esquerda, dispersando sua atenção e distraindo você do que sua coluna da direita está tentando fazer. Se, como Taylor, você estiver tentando transmitir informações, sua coluna da esquerda pode bombardeá-la com dúvidas e preocupações pequenas, mas frenéticas: *o que eu falo soa confuso? Será que esse cara concorda comigo? Por que Sheila parece estar tão entediada?*

Chris observou que a conscientização disciplinada da coluna da esquerda pode ser um recurso eficaz na comunicação, tornando-a sensível a como os outros estão reagindo e enriquecendo o conteúdo que você está tentando transmitir. E o radar pode enriquecer o conteúdo e a precisão da sua coluna da direita. Mas também é fácil ver como um radar bem-desenvolvido pode deixar sua coluna da esquerda fora de controle. Você pode perceber tantos detalhes que perde a noção do que está dizendo e por quê.

Quando isso acontece, sua coluna da esquerda torna-se uma fonte de ausência, em vez de presença, uma maneira de distrair em vez de sintonizar. Ela se torna uma fonte de fraqueza em vez de uma fonte de força.

Então, como você disciplina sua coluna da esquerda para que possa fazer com que ela trabalhe a seu favor?

Tentar suprimi-la geralmente não é uma boa ideia. Na verdade, Chris advertiu que ignorar ou bloquear os pensamentos do lado esquerdo é uma boa maneira de se tornar um comunicador menos eficaz e menos intuitivo. Isso é porque não estar em contato com o que você está realmente pensando e sentindo desconecta você das pessoas com quem deveria estar envolvida. Sua absorção total em seu conteúdo é robótica e inautêntica, o que pode fazer com que os outros se perguntem o que você está tentando esconder. Além disso, suprimir o que você percebe consome muita energia neural. Assim, o esforço pode fazer você perder energia e se sentir exausta.

Por todas essas razões, bloquear o que você percebe não é um bom hábito. É muito mais produtivo gerenciar sua coluna da esquerda para que você possa se beneficiar dela sem ficar sobrecarregada.

RESSIGNIFICAR

Uma ótima maneira de gerenciar esses pensamentos incômodos da coluna da esquerda é revisar a história que você conta a si mesma sobre o que está percebendo. Isso é conhecido como ressignificar. Em essência, isso é o que Mirette aconselhou Taylor a fazer.

Taylor diz: "A observação de que talvez o cara da primeira fileira tivesse brigado com a esposa foi uma das coisas mais úteis que alguém já me disse. Agora, sempre que me pergunto por que alguém em um grupo ou reunião parece estar irritado ou distraído, eu simplesmente decido que ele se deparou com algum problema pessoal ou está revivendo um desastre do seu trajeto matinal. Ressignificar a história que eu me conto sobre o que percebo me ajuda a desapegar e me concentrar no que *eu* preciso dizer, sem me perder no meu conteúdo."

Sua apreensão em se apresentar na frente de um grande grupo fez com que Taylor esquecesse que ela frequentemente usa essa técnica em seu próprio trabalho com os clientes. "Digamos que um cliente me diz que ele não gosta muito de pessoas." Eu o ajudo a identificar exemplos de *quando* ele se conecta com os outros, para que ele comece a se contar uma história mais útil e se veja em tons de cinza em vez de preto e branco. Como coach, estou muito familiarizada com as teorias de Chris Argyris. Mas, quando me encontrei em uma situação estressante, fiquei tão desconcertada tentando ler as reações de outras pessoas que esqueci o quão útil ressignificar poderia ser."

Outra maneira de ressignificar é reconhecer o que está na coluna da esquerda e encontrar uma maneira de trabalhar na coluna da direita.

Hadley, dona de uma empresa de design de jardins, usou essa abordagem quando a associação a que ela pertence decidiu homenageá-la como mestra em sua área de atuação.

Hadley diz: "Eu estava muito preocupada com isso. Mesmo que nossa empresa tenha feito jardins maravilhosos, eu não me considero uma mestra e imaginava que alguns de meus colegas compartilhariam essa visão. Então comecci a reviver todas as coisas estúpidas que fiz que deveriam ter me desqualificado de ser considerada para o prêmio."

Sua preocupação mental era tanta que, enquanto tentava escrever um discurso gracioso e otimista, os pensamentos de Hadley corriam na direção oposta. O conflito entre o que ela estava escrevendo e o que ela estava pensando a fazia se sentir uma fraude. Como resultado, ela temia muito o evento.

Na manhã da cerimônia de premiação, Hadley leu seu discurso e soube imediatamente que tinha que deixá-lo de lado. Era lindo, mas não refletia como ela se sentia. Então, em vez disso, ela decidiu seguir suas emoções e contar à plateia sobre as dúvidas que o fato de ser chamada de mestra despertou.

Ela diz: "Eu não exagerei os pontos negativos nem minimizei minhas conquistas. Mas falei sobre minhas dificuldades e contratempos.

Eu disse que não me sentia uma mestra; me sentia como uma iniciante. Isso me lembrou do conceito budista de 'mente de principiante', a ideia de que você deve abordar cada tarefa como uma novata para não ficar presa no piloto automático. Quando eu disse isso, percebi que a 'mente de principiante' era um dos recursos que eu trouxe para o meu trabalho. Isso provavelmente me manteve inovando todos esses anos. Fazer essa descoberta enquanto eu falava acabou sendo muito poderoso."

O público adorou. Compartilhar sua vulnerabilidade fez com que Hadley parecesse real para eles, e ser honesta era o que ela queria. Mas ela só podia fazer isso se deixasse de ficar obcecada por como os outros poderiam vê-la e falasse a verdade de acordo com sua opinião. Quando ela terminou, foi aplaudida de pé pela primeira vez.

A ressignificação é poderosa porque não força você a escolher entre os pensamentos que passam pela sua mente e o que quer que você esteja realmente tentando comunicar. Ela permite que você acesse toda a riqueza da sua coluna da esquerda sem ficar atolada na armadilha do 8/80. Ao reconhecer o que você está sentindo e encontrar força nisso, você aproveita o próprio poder do radar para banir o lado sombrio dele.

Então, a boa notícia sobre o radar hiperativo é que ele nada mais é do que um hábito. Não é um defeito de caráter. Não é uma consequência permanente da sua "fiação neural". Não é uma manifestação imutável de quem você é. Como os outros 11 comportamentos descritos neste livro, é um hábito que você pode atenuar com a ajuda de algumas ferramentas simples.

PARTE III

Mudar para Melhor

CAPÍTULO 17

Comece com uma Única Coisa

Agora você já sabe qual hábito — ou, sejamos honestos, hábitos — pode estar desempenhando um papel em mantê-la estagnada. Talvez sejam hábitos aos quais você se apegou porque ajudaram você no passado. Requer humildade admitir que o que costumava funcionar para você parou de funcionar, e isso é um pouco assustador, porque os comportamentos com os quais está acostumada podem parecer fazer parte de quem você é. Mas é inspirador considerar o quanto você pode se beneficiar de se desapegar deles.

Eis a parte difícil: fazer mudanças sustentáveis e duradouras requer foco. Não apenas o entusiasmo momentâneo de "vamos fazer", mas a vontade de fazer um esforço consistente ao longo do tempo. É possível conseguir isso com mais facilidade por identificar um comportamento, ou até mesmo *parte* de um comportamento, e trabalhar nele até que você possa ver algum progresso. Isso se dá porque fazer pequenas alterações e repeti-las até se tornarem habituais é mais provável que gere resultados em longo prazo do que tentar se tornar nova em folha de uma vez só.

Talvez você já tenha percebido isso com dietas. Digamos que você decida parar de comer pão nas suas refeições e, algumas semanas depois, cortar os biscoitos com o chá da tarde. Se você se apegar a esse programa leve e mínimo, você vai lentamente, mas de forma constante, perder peso. E você provavelmente vai ficar assim se der tempo ao seu sistema para que se adapte a uma pequena mudança.

No entanto se você decidir que, a partir de 1º de junho, só vai comer couve e tofu, provavelmente perderá peso rapidamente. Mas após algumas semanas você vai começar a "trapacear", que é a palavra que as pessoas usam quando não querem admitir que estão saindo da dieta. Logo você vai trapacear novamente, até voltar a se recompensar com sorvete. Em seguida, você definirá uma nova data para iniciar outro programa novinho em folha.

Faça isso algumas vezes e você fará a dieta do ioiô.

A mudança comportamental do ioiô age de maneira semelhante. Ela tende a falhar com o tempo porque depende inteiramente da força de vontade. Mas a força de vontade é difícil de ser mantida com o tempo. Isso não é porque você é fraca ou preguiçosa, mas porque seu cérebro está programado para o padrão, o que requer o mínimo de esforço e coloca o mínimo de estresse em seu sistema. Na prática, isso se traduz em voltar ao hábito estabelecido.

Em contraste, uma abordagem incremental leva em conta o poderoso papel do hábito e do padrão. Isso se dá porque fazer pequenas alterações, uma por vez, dá a você a chance de praticar cada comportamento até que se torne automático. Uma vez que não exigir mais esforço extra, você pode passar para outro comportamento, se preferir.

DESVENDANDO OS GRUPOS DE HÁBITOS

Você provavelmente notou que alguns dos 12 hábitos descritos nos capítulos anteriores têm áreas de sobreposição ou, até certo ponto, são consequências um do outro.

Por exemplo, se você tiver um problema com o Hábito 1, Relutar em Reivindicar Suas Realizações, você provavelmente também luta contra o Hábito 2, Esperar que os Outros Notem e Recompensem Espontaneamente Suas Contribuições. Ambos estão enraizados na crença de que "falar de si mesma" é desagradável e reflete seu medo de ser percebida como "ambiciosa demais". E ambos são convencionalmente vistos como comportamentos de meninas boazinhas.

Talvez você tenha dificuldade para priorizar vários hábitos sobrepostos que você quer mudar. Isso não é surpreendente, uma vez que comportamentos específicos podem formar grupos ou padrões, o que os torna difíceis de classificar. Então, vamos ver alguns grupos de hábitos comuns para ver se algum deles soa como você.

- Se você se identifica com o Hábito 3, Supervalorizar a Expertise, você também pode ter dificuldade com o Hábito 6, Colocar Seu Emprego à Frente de Sua Carreira. Ambos refletem o desejo de ser discreta e focar a tarefa que está bem na sua frente, em vez de visar um objetivo maior em longo prazo.

- Esses dois comportamentos frequentemente coincidem com o Hábito 7, A Armadilha da Perfeição, já que todos os três estão enraizados na esperança ou na expectativa de que você será recompensada se fizer tudo certinho. Esses hábitos frequentemente dão a impressão aos outros de que você tem a tendência de pensar pequeno. Eles podem fazer com que você seja conhecida como alguém que, de bom grado, fará o trabalho pesado, mas não está pronta para pensar grande — o que é uma exigência para a posição de líder.

- Os Hábitos 9 e 10 também se alinham, já que tanto Minimizar quanto Demais refletem uma relutância em falar sua verdade com clareza, intenção e força. Como você não quer correr o risco de antagonizar os outros ou fazer com que eles se sintam mal, você talvez sinalize de antemão que é ambivalente em defender sua posição. Isso pode resultar em você ser negligenciada ou desconsiderada.

- O Hábito 11, Ruminar, é frequentemente uma consequência do Hábito 12, Permitir que Seu Radar Distraia Você; uma vez que você percebe muitas coisas, você tem muito a processar e pode acabar refletindo sobre os pontos negativos de uma forma que a prejudica e a mantém estagnada. Isso pode fazer com que você pareça desorganizada ou um pouco perdida.

Depois de identificar o grupo de hábitos que está atrapalhando-a, você pode escolher o que deseja abordar primeiro. Você encontrará sugestões sobre como eliminar comportamentos contraproducentes nos próximos dois capítulos. Mas primeiro precisa descobrir por *onde* começar.

ENTENDENDO O PROBLEMA

Uma ótima maneira de começar é dissecar um comportamento problemático em hábitos específicos e distintos que podem ser abordados um de cada vez. Digamos, por exemplo, que você se reconheça na descrição do Hábito 8, A Doença de Querer Agradar. Como Nancy, a administradora do hospital descrita no Capítulo 12, você se considera útil e prestativa, e quer que os outros a vejam assim. Seu investimento em sua autoimagem leva você a temer dizer "não" por medo de desapontar os outros. Como resultado, você rotineiramente deixa que seus limites sejam violados e concorda com as solicitações que sabe que deve recusar.

Talvez você decida começar abordando o Hábito 8 ao recusar solicitações que não estejam alinhadas aos seus interesses. Mas, dado que você se acostumou a ajudar os outros, de repente estabelecer limites parece aleatório e categórico, o equivalente comportamental de mudar para couve e tofu. Então, em vez de fazer uma transformação do dia para noite, você pode simplesmente tentar descobrir o quanto algo realmente importa para a pessoa que você está ajudando.

Essa foi a abordagem adotada por Miranda, a associada na firma de advocacia no Capítulo 2, que se ofereceu para participar do comitê de recrutamento de sua empresa no exato momento em que seu trabalho estava esquentando. Ela rapidamente viu que isso seria um problema, mas não queria desapontar o colega que a recomendou para o comitê. "Eu não gosto de desapontar as pessoas", diz ela. "Eu não sou assim. Quando alguém me pede para fazer algo, tento fazer, mesmo que isso acabe comigo."

No entanto ela criou coragem e conversou com seu colega. Foi quando ele disse que tinha lhe passado o convite porque ela "parecia alguém que diria sim". Em outras palavras, Miranda tinha se enrolado tentando agradar a um colega de trabalho que não se importava nem um pouco com o esforço dela. Ter essa informação facilitou para que Miranda estabelecesse limites.

Eis aqui uma lição para quem se identifica como alguém que gosta de agradar os outros.

A INTENÇÃO MOLDA A MUDANÇA

Miranda conseguiu identificar um bom primeiro passo porque percebeu que sua necessidade de agradar os outros estava atrapalhando sua carreira como advogada. Isso importava muito, já que ela queria ser uma ótima advogada desde que era criança. Agora que estava prestes a começar a conquistar esse sonho, ela viu como sua dificuldade em estabelecer limites poderia minar seu caminho. Isso deu a ela um poderoso incentivo para mudar um comportamento que antes lhe era útil.

A história de Miranda demonstra como ter uma compreensão clara do que você está tentando alcançar na vida pode ser tanto um estímulo quanto um benefício quando você quer mudar. Em contraste, Vera, a perfeccionista descrita no Capítulo 11, não tinha esse tipo de incentivo porque perdera a noção do que realmente estava tentando alcançar.

Sua ávida atenção aos detalhes lhe tinha sido útil até ela ser avaliada para uma posição executiva sênior. Então, de repente, isso a colocou em desvantagem. Ela sabia disso. O feedback que ela recebeu do seu coach e dos colegas foi bem claro. Mas ela não conseguia abandonar seu comportamento habitual porque fazer as coisas com perfeição *havia se tornado* seu objetivo. Ela não sabia mais o que estava realmente tentando alcançar além de provar ser a pessoa perfeita.

Como vários comportamentos descritos neste livro, a necessidade de agradar ou supervalorizar a expertise, tentar ser perfeita pode se tornar um fantasma que a distrai do seu propósito maior. É por isso que conhecer seu objetivo — defini-lo, falar dele, compartilhá-lo e ser intencional em sua busca — pode ser um recurso valioso ao abordar comportamentos que a enfraqueçam.

Então, como você pode ter certeza do seu propósito?

Você começa articulando de forma concisa e precisa o que espera alcançar, seja no seu trabalho atual ou em longo prazo. A ideia é declarar claramente o objetivo ou o propósito que mais inspira você.

Sua declaração pode ser altamente específica: você quer liderar uma equipe global de inovação em uma startup bem financiada. Você quer ser a vendedora do ano em sua empresa. Você quer concorrer a um cargo público e vencer. Você quer liderar o alcance da comunidade para sua empresa.

Sua declaração também pode descrever uma aspiração mais geral, o que você vê como seu propósito maior no mundo. Marshall tem uma declaração dessas: *Eu ajudo líderes bem-sucedidos a alcançar mudanças positivas e duradouras de comportamento.* Sally também tem uma: *Eu ajudo mulheres a reconhecer seus maiores pontos fortes para que possam agir com confiança e consciência.*

Depois de ter sua declaração, o que você faz com ela? Você começa a compartilhá-la, repetidamente, em todos os tipos de situações, até que sua fala se torne suave e pareça automática. Você faz isso com consistência, mas você a refina à medida que avança, tentando torná-la mais simples e mais clara.

Sally entendeu o poder de articular seu propósito ao trabalhar com Dong Lao, o patrocinador executivo da iniciativa feminina na instituição financeira global descrita no Capítulo 6. Fazendo a palestra principal na conferência anual da iniciativa para 600 mulheres de todo o mundo, Lao instou todas as mulheres presentes a desenvolver um "discurso de elevador" que refletisse quem elas eram e articulasse o que elas queriam alcançar.

Lao baseou seu conselho na declaração de propósito que ele tinha ouvido um jovem banqueiro ambicioso dizer no elevador da sede da empresa em Londres. Foi breve, conciso, cuidadosamente preparado e projetado para ser divulgado a qualquer momento. A mensagem subjacente era clara: *é isso que eu faço, é isso que pretendo alcançar. Fique de olho em mim!*

Uma declaração de propósito também pode ser útil quando você está tentando identificar o melhor comportamento a abordar primeiro. Isso ocorre porque a articulação do seu objetivo lhe dá uma perspectiva para decidir o que pode e o que não pode ajudá-la enquanto trabalha para atingir a meta que você definiu para si mesma.

Por exemplo, se o seu objetivo é ser uma embaixadora global da marca da sua empresa, provavelmente desejará abordar sua relutância em reivindicar suas conquistas. Isso porque ser uma habilidosa propagandista nessa área será um treino para se tornar habilidosa nesse cargo para sua organização.

Se sua meta for participar do comitê executivo de sua empresa, convém abordar seu hábito de supervalorizar a expertise. Isso porque ter um amplo portfólio de responsabilidades exigirá que você se sinta à vontade para deixar o domínio dos detalhes para os outros.

Se você quer muito ser a primeira engenheira sênior na divisão mais notoriamente masculina de sua empresa, talvez queira trabalhar em recrutar aliados desde o primeiro dia. Isso porque você precisará de defensores nos bastidores que possam refutar as dúvidas do alto escalão, que não sabe do que você é capaz.

Se você deseja ser reconhecida em sua empresa de consultoria como tendo muito potencial, talvez queira resolver seu hábito de minimizar. Isso ocorre porque, rotineiramente, o padrão é usar frases como "só estou tentando dizer", ou "só preciso de um segundo do seu tempo", ou "ah, ah, é..." sinalizam que você é ambivalente sobre que está tentando transmitir e não está totalmente pronta para assumir mais responsabilidades.

Você captou a ideia. Amarrar seu primeiro passo ao objetivo ou ao propósito maior lhe dará uma maneira sólida de identificar com qual comportamento você pode começar.

Conforme você classifica sua decisão, é útil ter em mente o velho ditado: *melhor o feito do que o perfeito não feito*. Em outras palavras, não fique agonizando, nem imagine que você precisa começar no lugar perfeito ou dar todos os passos corretamente. Apenas comece.

CAPÍTULO 18

Não Se Isole

Mudar um hábito já é difícil. Mas é quase impossível mudar um hábito sozinha. Por quê? Porque, como seres humanos, todos nós somos esquecidos. Quando estamos em uma situação conhecida ou encontramos gatilhos no dia a dia, tendemos a usar nossas reações-padrão.

Isso é o que significa operar no piloto automático. Você não precisa pensar no que está fazendo ou se esforçar, basta agir sem pensar, como sempre fez. Talvez você lembre depois que estava tentando reagir de uma maneira nova e mais construtiva. Mas em um momento de tensão, estresse, distração, confusão, ressentimento ou simples excesso de trabalho você volta à sua zona de conforto.

Operar no piloto automático *parece* ser eficiente e, em muitos aspectos, é. Se você tivesse que pensar conscientemente cada vez que precisasse virar o volante ao dirigir, nunca conseguiria chegar ao trabalho. Se você tivesse que decidir onde colocar o pé toda vez que desse um passo, você hesitaria quando tentasse caminhar. Ter uma resposta-padrão é extremamente útil quando você está realizando tarefas que exigem repetição. Mas a facilidade de ter uma resposta-padrão dificulta a mudança de hábito.

É por isso que o coaching pode ser tão útil. Coaches servem como disruptores, fazendo você lembrar que está tentando mudar e mantendo seus esforços em primeiro plano. Um coach também age como seu parceiro à medida que você procura abandonar os hábitos que a atrapalham. Algumas das mulheres descritas neste livro se beneficiaram de ter coaches que ofereceram feedback, quebraram padrões familiares, as mantiveram no caminho certo e as fizeram prestar contas pelos novos comportamentos.

Mas e se você não tiver um coach? Afinal, os coaches podem ser caros. E ótimos coaches podem ser muito caros. Sua empresa provavelmente contrata coaches apenas para seus executivos seniores. Então, se você não está nesse nível, trabalhar com um coach pode estar fora de alcance.

Mas não custa absolutamente nada recrutar um colega, amigo, chefe ou subordinado para ajudá-la em seu esforço para fazer mudanças comportamentais positivas. Você começa por pedir a uma pessoa em quem confia para ajudá-la a lidar com um hábito que gostaria de mudar. Envolver alguém desabilitará seu esquecimento, dificultará a reversão para o piloto automático e dificultará achar desculpas para sua resistência.

RECRUTANDO AJUDA

Digamos que você decida que lidar com o hábito de se desculpar desnecessariamente é um bom começo para abordar sua tendência a minimizar. Nesse caso, você poderia dizer algo assim para um colega de confiança: "Sharon, queria saber se você pode me ajudar. Estou tentando ser mais eficiente em como me comunico, mas percebi que tenho o hábito de pedir desculpas mesmo quando não fiz nada de errado. Às vezes eu me ouço começando uma frase simples com 'desculpa', mas na maioria das vezes eu nem noto. Já que vamos trabalhar muito juntas no próximo mês, gostaria de saber se você poderia me avisar quando me ouvir dizer isso. Se outras pessoas estiverem por perto, você pode apenas acenar com a cabeça ou levantar as sobrancelhas para me avisar. Eu ficaria muito agradecida, já que esse hábito não está me ajudando a fazer o meu melhor."

Ou digamos que você precise chamar mais atenção para suas conquistas. Talvez, como Ellen, a engenheira do Capítulo 2, você tenha recebido um feedback de seu chefe de que precisa ser mais proativa para ajudá-lo a alcançar seus objetivos. Você percebe que ele acha isso porque você não o manteve informado sobre o que você está fazendo. Então você pede a um colega que também comparece às reuniões semanais do seu chefe para ajudá-la.

Pode dizer:

"Jim, já que nos sentamos lado a lado nas reuniões de Jake, quero saber se posso contar com sua ajuda. Eu fiz uma análise de desempenho no mês passado, e um ponto importante foi que eu não estou falando para Jake todas as coisas que estou fazendo para tornar nosso projeto mais visível no mercado. Eu acho que preciso ser mais assertiva nas reuniões. Você poderia prestar atenção nas próximas semanas e me dizer se eu estou de algum modo desvalorizando minhas contribuições? Eu gostaria de saber sua opinião."

Recrutar outros para seus esforços de mudança não só aumenta a probabilidade de que seus novos hábitos se consolidem, mas também é uma ótima maneira de fortalecer e aprofundar seus relacionamentos no trabalho. Quem não gosta que lhe peçam para compartilhar suas opiniões ou observações? Quem se opõe a ser visto como um conselheiro confiável, cujas percepções e comentários são exatamente o que você precisa? O ponto é que recrutar a ajuda de colegas lhes dá uma participação no seu desenvolvimento. Isso mostra que você confia neles. Isso mostra que você leva a sério o trabalho deles. Pode até inspirar outras pessoas a tomarem medidas semelhantes, o que poderia ajudar sua equipe a melhorar no que faz.

É claro que pedir ajuda requer que você se torne um pouco vulnerável. Isso pode parecer estranho, porque o padrão na maioria dos locais de trabalho é tentar transparecer que você tem total controle e não precisa da ajuda de ninguém. Diante disso, aqui vão algumas dicas tiradas de nossa experiência que podem reduzir o desconforto ou a confusão que você pode sentir.

1. *Escolha com cuidado.* Peça ajuda a alguém em quem você confie, alguém com quem você tenha um bom histórico e que seja positivo. Como você pedirá que a pessoa a observe e lhe dê um feedback sobre um comportamento, também deve escolher alguém que a veja regularmente, seja em reuniões ou como parte de uma equipe.
2. *Seja específica.* Solicitações generalizadas não fornecem as informações que você está procurando. Perguntas vagas, como "você acha que estou indo bem?", colocam a pessoa que você está tentando recrutar em uma encruzilhada e deixa muito espaço para respostas subjetivas. Em vez disso, diga exatamente o que você quer que ela perceba, com base em seu modelo de "comece com uma única coisa". Isso pode ser: ficar se desculpando, falar demais, recusar elogios, desvalorizar suas conquistas, linguagem corporal minimizante, revelar muita informação ou tentar agradar demais — seja qual for o comportamento ou hábito que você acredita estar atrapalhando o seu caminho.
3. *Seja concisa.* Mostre à pessoa que está recrutando que você valoriza o tempo dela por fazer seus pedidos o mais breve possível. Evite compartilhar muito do contexto, fornecer longas apresentações ou repetir a mesma coisa de maneiras diferentes. E lembre-se de que ser sucinta exige que você se prepare antecipadamente. Então, saiba como você vai expressar sua solicitação antes de fazê-la, e pense em como você pode responder de forma concisa a prováveis perguntas.

4. *Lembre-se de que revelar demais não é o objetivo.* Não fique falando *por que* você quer mudar um hábito ou compartilhando sua análise das razões pelas quais se comporta assim. Não faz muita diferença para os outros. Lembre-se de que você está tentando mudar um comportamento que limita seu potencial; não reviva o passado nem faça uma sessão de terapia com seus colegas.
5. *Especifique um período de tempo.* Não peça por um comprometimento sem fim. Em vez disso, solicite que a pessoa envolvida a observe em um evento específico ou por um período de tempo limitado, como durante uma reunião agendada ou nas próximas semanas.

A forma como você pede ajuda é importante. Mas isso não é o mais importante. Você também precisa saber como responder ao feedback que você solicita. Você não deve ser melindrosa ou parecer chateada se ouvir verdades dolorosas, pois isso fará com que a pessoa se arrependa de ter aceitado ajudá-la.

Também é bom já ter um plano em mente para quando for responder, especialmente porque é difícil ouvir feedback. Ninguém gosta de ser abordado por um colega ou amigo com a terrível frase "posso dar um feedback?". Você talvez sorria, mas provavelmente estará rangendo os dentes e se segurando para não responder: *não, você definitivamente não pode.*

O feedback, quando não solicitado, parece uma crítica, não importa o quão "úteis" as observações sejam, e é por isso que deixa a maioria das pessoas na defensiva. Mas, quando você recruta alguém para compartilhar as observações dele, você está solicitando o feedback, então ficar na defensiva é irrelevante e autodestrutivo.

Sua tarefa é responder de maneira agradável e absorver o que for útil. Marshall desenvolveu um modelo de coaching que fornece diretrizes para usar o feedback ao tentar mudar comportamentos. Esse modelo tem quatro componentes: ouvir, agradecer, fazer follow-up e anunciar.

Ouvir

Simplesmente ouvir o feedback que você recebe é o primeiro passo, então você deve ter certeza de que sabe ouvir. Você talvez pense: *é claro que eu sei ouvir, sou um ser humano e tenho ouvidos*. Mas realmente escutar o que alguém está dizendo exige disciplina e foco. Também requer uma medida de humildade.

É fácil esquecer, no calor da conversa, que ouvir e falar são duas atividades totalmente diferentes, o que significa que você não consegue ouvir ao mesmo tempo em que fala. E você não consegue ouvir se está se preparando para falar — ensaiando mentalmente sua resposta ou esperando ansiosamente para dizer a sua opinião antes que a pessoa que você deveria estar ouvindo tenha terminado de falar.

Quando você fizer isso, poderá achar que está ouvindo. Mas sua mente está focada em seus próprios pensamentos. Mesmo que consiga ouvir as palavras que a outra pessoa está dizendo, perderá as nuances essenciais para a compreensão real.

E há outro problema: a pessoa que você supostamente está ouvindo sabe quando seus pensamentos estão em outro lugar porque, por mais que você tente, a sua linguagem corporal deixa isso claro. Isso é verdade mesmo quando você acha que está dando a impressão de alguém que está ouvindo, acenando com a cabeça e dizendo "aham" nos momentos certos.

Mas pense nisto. Como observamos no Capítulo 13, uma criança pequena consegue perceber quando seus pensamentos estão em outro lugar. Até o seu cachorro e o seu gato conseguem. Seres sencientes têm um radar para detectar se os outros estão desconectados do que estão comunicando. Então, como poderia um adulto competente deixar de perceber?

Frances Hesselbein é uma das ouvintes mais habilidosas que conhecemos. Ela pratica a escuta como se fosse uma forma de arte e é capaz de absorver serenamente informações que podem ser perturbadoras.

Ela consegue fazer isso porque entende que ouvir é sempre um processo de duas etapas. Há a parte em que você ouve o que a outra pessoa tem a dizer e depois a parte em que você responde. Elas não se sobrepõem.

Frances cita o saudoso e grande Peter Drucker, seu mentor e amigo, como o melhor ouvinte que já conheceu. As pessoas com quem ele trabalhava prestavam atenção a cada palavra dele. No entanto ele tinha o hábito de ouvir atentamente e totalmente antes de abrir a boca. Em uma reunião, ele pedia a todos suas opiniões antes de dar a sua. "Peter", diz Frances, "*sempre* falava por último". Ele queria sentir o clima do que os outros estavam dizendo para poder reunir todas as informações disponíveis. E ele queria tempo para formular uma resposta ponderada.

Quantos líderes você já viu fazerem isso?

Na maioria das situações, o oposto acontece. A pessoa mais experiente presente tenta afirmar o domínio sendo a primeira a responder, muitas vezes cortando os outros no processo. A mensagem que isso envia é clara: *sou mais importante do que você, então falo primeiro. O que tenho a dizer é o que realmente importa.*

Claro, o líder tem todo o direito de falar primeiro. Mas, geralmente, qual é o resultado? Uma vez que o líder fala, todos os outros ficam quietos porque ninguém quer contradizer a pessoa mais experiente. O resultado é que todos se recolhem sem sequer expressar uma opinião ou compartilhar o que pode ser uma informação vital. Essa é a razão pela qual muitas reuniões parecem inúteis — elas simplesmente acabam confirmando as crenças já existentes do líder. Por outro lado, um líder que dá aos outros a oportunidade de falar primeiro acaba trazendo à tona fatos novos, perspectivas inesperadas e novos pontos de vista.

Então, vamos voltar à situação em que você recrutou uma colega para observar um comportamento que você está tentando mudar. Quando chegar a hora de ouvir suas observações, você não deve fazer nada além de ouvir, o que significa manter os ouvidos abertos e a boca fechada. Afinal, você pediu que ela desse uma opinião, então não há razão para dar a sua, se explicar ou se defender. Mesmo que você não goste do que ela está dizendo, mesmo que isso pareça doloroso, mesmo que você pense que ela interpretou mal suas preocupações ou tenha entendido errado, você deve responder ao feedback que *você* solicitou para ouvir cada palavra.

Agradecer

E o que você faz quando a outra pessoa termina de falar? Você não contradiz, mas você também não afirma. Você não oferece sua opinião ou se apressa em compartilhar um plano de ação. Você simplesmente diz *obrigada*.

Adquirir o hábito de agradecer aos outros é uma das coisas mais eficazes que você pode fazer ao tentar chegar ao topo. Assim como ouvir, agradecer a ajudará em todas as fases da sua carreira. Isso porque *obrigada* funciona em quase qualquer situação:

- Termina conversas difíceis.
- Para o ciclo de olho por olho.
- Desarma o ouvinte — até pessoas que estão na defensiva amolecem quando ouvem um agradecimento.
- Faz com que os outros se sintam bem e, assim, aumenta a felicidade no mundo.
- Demonstra humildade, mostrando que você tem um conceito equilibrado sobre si.
- Ninguém pode rebater ou recusar.

Marshall aconselha todos os seus clientes a serem extremamente radicais quando se trata de agradecer. Serem estudantes e praticantes da gratidão, e procurar oportunidades para expressá-la genuinamente. Encontrarem maneiras de se darem uma nota dez em gratidão.

Ele faz isso porque anos atrás ele teve a oportunidade de experimentar o poder da gratidão em primeira mão. Voando de Santa Bárbara para São Francisco há alguns anos, ele e seus companheiros de viagem foram informados pela tripulação que o trem de pouso estava com defeito e que deveriam se preparar para um acidente.

Durante aqueles momentos assustadores, Marshall se perguntou do que mais se arrependia em sua vida. A resposta veio com clareza: ele lamentou não ter agradecido a todas as pessoas que o ajudaram ou tinham se esforçado muito para serem boas para ele. Ele resolveu que, se vivesse, ele procuraria cada uma dessas pessoas e as agradeceria. O avião aterrissou em segurança, e, quando chegou ao hotel, Marshall sentou-se imediatamente e começou a escrever bilhetes sinceros de apreço às pessoas que o haviam ajudado em sua vida — com muitas das quais ele não mantinha contato ou em quem sequer tinha pensado há anos. Ele continuou fazendo isso nos meses seguintes. Suas anotações fizeram as pessoas que as receberam se sentirem bem, e escrevê-las fez com que ele se sentisse maravilhoso. A experiência fez com que ele decidisse nunca perder a chance de agradecer e cultivar a gratidão como uma marca pessoal, um modo de estar no mundo. E desde então ele incentiva seus clientes a fazer o mesmo.

Fazer follow-up

Marshall e seu colega Howard Morgan estudaram os resultados de programas de desenvolvimento de liderança em oito grandes corporações para tentar identificar o que as pessoas que conseguem fazer mudanças comportamentais positivas sustentáveis têm em comum. Eles descobriram que a principal diferença entre aqueles que eram capazes de fazer mudanças em longo prazo e aqueles que não eram estava na quantidade de follow-up que faziam com os colegas. Os resultados foram consistentes entre os participantes da Europa, América Latina, América do Norte e Ásia, indicando que o valor do follow-up é universal.

O que significa fazer follow-up? Significa que, uma vez que você pede a ajuda de alguém, você deve mantê-la informada, perguntar o que ela está achando do seu progresso, fazer uso das sugestões dela e contar isso para ela.

Para ver como isso funciona, voltemos à situação descrita anteriormente, na qual você percebe que não informou ao seu chefe o quanto está contribuindo. Você pediu ao seu colega Jim para observá-la por algumas semanas e compartilhar seus pensamentos sobre como você pode estar se desvalorizando.

Quando Jim lhe dá o feedback, ele diz que ficou surpreso ao perceber que você frequentemente desvia o crédito pelo que alcançou. Por exemplo, quando seu chefe pediu a você em uma reunião uma atualização sobre o status de uma iniciativa do cliente, você disse a ele o que todos os outros membros da equipe haviam feito, mas nunca mencionou como você coordenou o serviço para seus clientes.

Você ouve atentamente o que Jim diz. Você não interrompe ou fala suas opiniões, e simplesmente o agradece por ele compartilhar o que percebeu. E então, na próxima vez que alguém perguntar sobre o seu projeto em uma reunião, você seguirá o conselho dele e descreverá exatamente o que você alcançou. Você menciona os membros da equipe que a ajudaram e dá o crédito a quem o crédito é devido, mas você não tenta desviá-lo de você.

E então, depois de ter feito tudo isso, você faz follow-up. Isso significa perguntar a Jim como ele acha que você lidou com a reunião. Afinal, ele é o único que percebeu que você tem o hábito de recusar o crédito, então por que não perguntar se ele acha que está se saindo melhor? Por que não torná-lo parte do seu plano de desenvolvimento? Não iniciando uma longa conversa ou compartilhando milhares de detalhes, mas informando-lhe que você está agindo de acordo com as ideias dele e tentando descobrir se há mais alguma coisa que ele acha que você poderia fazer para demonstrar um tipo diferente de comportamento.

Anunciar

O quarto passo é ampliar seu círculo de ajuda para além de uma ou duas pessoas, fazendo o que Marshall pede que seus clientes façam. Você faz de tudo para que todos ao seu redor fiquem cientes de como está tentando mudar um comportamento que está atrapalhando-a.

Isso pode ser extremamente eficaz porque, conforme comentado, as percepções que as pessoas têm umas das outras demoram muito para mudar. Se você é vista como uma trabalhadora confiável que não necessariamente luta pelo que quer, uma única vez que você se defender não mudará essa impressão. Se seus comentários geralmente são atrapalhados, as pessoas não notarão imediatamente quando você for mais concisa. Se você sempre abaixou a cabeça, as pessoas podem não dizer de repente para si mesmas: *eu vejo que Lucy está realmente se impondo agora*.

Então, se você realmente quer que as pessoas percebam seu compromisso com a mudança de comportamento, convém articular o que você está fazendo em todas as oportunidades, tratando cada dia como uma chance de dar o seu recado. Pense nisso como uma campanha publicitária ou eleitoral, ou uma coletiva de imprensa. Anuncie a mensagem sobre seu comprometimento com a melhoria.

É isso o que Maureen, a sócia do escritório de advocacia do Capítulo 6, fez depois que um colega cujo desempenho ficou aquém do dela foi promovido e ela não. Quando um sócio sênior a informou de que não fazia ideia de que ela queria ser sócia porque ela nunca tinha dito nada, ela sabia que precisava mudar sua abordagem. Então, ela ficou determinada a dizer a todos na empresa como estava comprometida com essa meta e o que estava fazendo para que isso acontecesse.

Ela diz: "Eu me senti muito estranha e como se estivesse falando demais sobre mim, mas comecei a dizer às pessoas o que estava fazendo e também a falar sobre o que precisava fazer para crescer. Pedi ideias de como fortalecer minhas habilidades e minha posição para me preparar melhor para ser sócia. E pedi feedback — *como estou me saindo?* Esse tipo de coisa."

Sua campanha às vezes parecia ser um fardo extra, mas Maureen estava determinada a se posicionar como uma jogadora que não tinha medo de falar sobre suas ambições. Isso exigia que ela se apresentasse de uma maneira que lhe seria útil quando se tornasse sócia: como uma defensora incansável do que acreditava. No final, ela recebeu a promoção que queria. Seu único arrependimento foi que demorou mais do que precisava.

O PODER DO PEER COACHING

Se você realmente quiser aumentar seus esforços de mudança, pense em trabalhar com um peer coach. Nós dois ensinamos peer coaching para clientes, mas também o usamos para mudar comportamentos-chave em nós mesmos.

O peer coaching usa o princípio básico de pedir ajuda e o transforma em um processo semiformal e contínuo, que também é recíproco em vez de unidirecional. Basicamente, você se compromete a trabalhar regularmente com um amigo ou colega para prestar contas mutuamente por mudanças comportamentais específicas que vocês desejam fazer.

Você começa por definir comportamentos nos quais desejam trabalhar e dividi-los em ações específicas. Então vocês agendam um horário regular para relatar um ao outro o seu progresso.

Quando Marshall criou seu modelo para o peer coaching, ele criou três critérios simples para escolher um peer coach.

Seu peer coach deve:

1. Ser alguém com quem você gosta de falar regularmente, para que não pareça uma tarefa ou um fardo. E o seu peer coach deve sentir o mesmo por você.

2. Estar interessado no seu bem-estar. E você deve sentir o mesmo em relação ao seu peer coach.
3. Ater-se às perguntas que você escreveu e resistir à tendência de dar opiniões ou fazer julgamentos. Você deve fazer o mesmo pelo seu peer coach.

É só isso. Não espere que a mágica aconteça do dia pra noite. Mas, se trabalhar com seu peer coach regularmente, você fará mudanças positivas consistentes ao longo do tempo. Você vai melhorar e vai continuar melhorando, pois seu modo-padrão de ser esquecida sofrerá interferências todos os dias.

O hábito pessoal de Marshall é baseado em uma lista simples de perguntas que seu peer coach lhe faz todas as noites. No começo, ele trabalhava com um amigo de longa data e colega de profissão, Jim Moore. Juntos agendavam um telefonema todas as noites, sem exceção, mesmo durante viagens internacionais.

Quando a situação de Jim mudou, Marshall passou a trabalhar com outras pessoas. Ao longo dos anos, ele atualizou os itens de sua lista para refletir seus desafios em se responsabilizar por se tornar uma pessoa mais saudável e melhor.

O peer coach de Marshall agora lhe faz as seguintes perguntas:

Você estabeleceu metas claras?
Você progrediu com relação à conquista de metas?
Você encontrou significado naquilo que fez?
Você ficou feliz?
Você construiu relacionamentos positivos?
Você estava totalmente envolvido?
Você foi paciente?
Você teve uma dieta saudável?
Você disse ou fez algo de bom para Lyda (esposa)?

Você disse ou fez algo de bom para Bryan (filho)?
Você disse ou fez algo de bom para Kelly (filha)?
Você disse ou fez algo de bom para Avery e Austin (netos)?

Esse modelo funciona muito bem para Marshall. Uma vez que ele viaja constantemente, seu principal desafio é manter sua saúde e bom humor, e permanecer conectado com as pessoas com quem se importa. Marshall já usou um modelo quantitativo em algumas ocasiões, no qual as perguntas podem ser respondidas com um número (por exemplo: quantas horas de sono você teve?). Mas hoje em dia ele é mais qualitativo.

O modelo de peer coaching de Sally é um pouco diferente e funciona muito bem para ela — tão bem que ela já trabalha com a mesma peer coach há mais de oito anos. Tanto ela como Elizabeth Bailey, escritora e amiga de longa data que ela recrutou, concordam que falar todos os dias para rever metas e comportamentos mudou suas vidas.

Sally e Elizabeth se falam por telefone. Elas ajustam suas listas de meses em meses, cada uma tendo em vista um tema específico para melhoria. Elas elaboram cinco ou seis questões relacionadas a esse tema e continuam com a lista até que possam ver um progresso sólido em um comportamento desejado. Daí, elas passam para outra coisa.

Raramente, as perguntas são quantitativas. Elas se concentram principalmente em metas de trabalho e carreira, mas geralmente incluem alguns itens relacionados ao crescimento pessoal. Elas usam uma à outra como conselheira quando decidem em quais assuntos se concentrar. E, às vezes, elas quebram a regra fundamental de Marshall e dão sugestões: "Você não acha que talvez deva trabalhar para não ser a pessoa perfeita mês que vem?"

Veja uma lista que Sally usou alguns anos atrás. Seu tema na época era tentar ter mais visibilidade como palestrante e escritora. Isso é um pouco difícil para ela, já que sua tendência é ser discreta e se concentrar em seu trabalho, em vez de dedicar um tempo para fazer o marketing eficaz que é necessário para um escritor profissional.

Outubro a dezembro de 2016: Cultivando visibilidade
1. Estou em dia com o meu site?
2. Chequei o LinkedIn ou enviei um tuíte?
3. Estou informando os clientes sobre o que estou fazendo?
4. Os meus temas de palestras são atuais?
5. Passei tempo ao ar livre?
6. Eu fui grata?

Sally trabalhou nessa lista por vários meses, trocando gradualmente itens específicos que ela mudava e adicionando outras questões relacionadas ao seu tema. Elizabeth fez o mesmo com sua própria lista, e quando cada uma tinha certeza de que elas tinham realmente feito progresso elas partiam para outros desafios.

Tanto Marshall quanto Sally descobriram que lidar com comportamentos teimosos que os atrapalham é mais fácil e divertido com um peer coach. É por isso que recomendamos que você faça uso dessa ferramenta poderosa ao tentar fazer mudanças de comportamento incrementais, mas positivas.

O peer coaching funciona porque é a antítese de se isolar.

CAPÍTULO 19

Pare de Julgar

Você identificou um comportamento que está atrapalhando-a. Você tem uma ideia clara de como começará a trabalhar nele. Você sabe a ajuda de quem vai pedir. Você sabe como anunciará que está mudando. Você tem um plano de fazer follow-up regular para avaliar seu progresso e manter-se no caminho certo. Talvez você tenha decidido trabalhar com um peer coach.

Você também aceitou que vai tropeçar pelo caminho. Você entende que é difícil mudar um comportamento arraigado — às vezes parece que você dá "dois passos para frente e um passo para trás". Mas você está mentalmente preparada. E você está motivada porque está pronta para um grande avanço. Ou porque você quer dar um ótimo exemplo para sua filha. E porque no fundo você acredita que, se mais mulheres como você se tornarem mais influentes, o mundo será um lugar melhor.

Então, para o que você precisa estar atenta? O que poderia atrapalhá-la? Em nossa experiência, julgar é a primeira atitude que pode atrapalhar. Julgar a si mesma quando não alcança as suas expectativas. Ficar duvidando do que você está tentando fazer. Condenar a si mesma porque não está progredindo tão rápido quanto gostaria. Arrepender-se do hábito que está tentando mudar agora porque ele a atrapalhou no passado.

Criticar-se por cada mínima coisa.

Julgar pode ser um problema, em especial para as mulheres, porque elas tendem a ser mais duras consigo mesmas do que os homens. Sim, isso é generalizar, mas, em seis décadas combinadas de trabalho com líderes, Sally e Marshall perceberam que isso é verdade. E pesquisas envolvendo líderes de todo o mundo também os apoiam. As mulheres têm grandes vantagens quando se trata de mudar comportamentos. Por exemplo, elas tendem a ser menos sobrecarregadas pelo ego do que os homens, ficam menos na defensiva e, portanto, são mais dispostas a procurar e aceitar conselhos. Nós raramente ouvimos as mulheres dizerem: "Meu verdadeiro problema é que as pessoas aqui são todas idiotas, então é claro que elas são incapazes de me apreciar." Ou: "Se todos nesta empresa simplesmente aceitassem e fizessem o que eu digo, nós não teríamos esses problemas."

A disposição das mulheres em aceitar a responsabilidade por suas falhas pode torná-las mais abertas à correção de comportamentos que as impedem de progredir e mais diligentes em como elas mudam os hábitos consolidados. Mas essa característica admirável também tem seu lado negativo. Isso significa que as mulheres são menos propensas a se "dar um desconto" ou perdoar-se pelo terrível pecado de cometer falhas de vez em quando.

Julgar pode atrapalhar você quando estiver tentando mudar, porque isso a mantém focada no passado em vez de no presente (veja Hábito 11, Ruminar). Isso é negativo e, portanto, naturalmente desencorajador. É por isso que o perdão e o autoperdão são as ferramentas mais poderosas que conhecemos para as mulheres que tendem a julgar ou a duvidar de si mesmas.

Perdoar a si mesma geralmente começa com desapegar do pensamento 8/80. Tal como a crença de que alguém — neste caso você — é maravilhosa ou péssima, impecável ou um desastre, perfeita ou uma catástrofe. E que cometer um erro automaticamente leva você ao território da definição de péssima/desastre/catástrofe. Quando você pensa sobre isso, a mentalidade 8/80 não é realista e é um pouco infantil. Se você tem filhos adolescentes talvez tenha notado isso, pois para eles tudo é incrível ou terrível.

O pensamento 8/80 também é intolerante. E ser intolerante consigo mesma a manterá estagnada.

Então, se você tem uma tendência para se julgar, vale a pena repetir que não existe um padrão ideal para os seres humanos neste mundo. Cada um de nós está sempre progredindo e será assim até o nosso último suspiro. Aceitar isso e estar disposta a abraçar a mudança e, ao mesmo tempo, deixar o julgamento de lado é a plataforma mais segura que conhecemos para alcançar uma mudança positiva em longo prazo.

Feedforward

Ok, tudo bem, você já entendeu. Mas *como* você se livra do autojulgamento? Especialmente se ele já se tornou sua reação-padrão?

Uma técnica útil é o feedforward, que Marshall tem usado durante anos com grande sucesso. Você já está familiarizada com o conceito básico, embora não com o nome, por causa do capítulo anterior uma vez que o modelo de perguntar/ouvir/agradecer descrito lá também se aplica ao feedforward.

O que distingue feedforward do seu primo feedback e o que o torna tão útil para deixar de lado o julgamento é que o feedforward está preocupado apenas com o futuro. Com o feedforward, você não está recrutando um aliado de confiança para observar ou enviar sinais quando você começar a usar um comportamento que deseja eliminar. Em vez disso, você está simplesmente solicitando algumas ideias que você pode usar no futuro. O processo não envolve nenhuma crítica ou intervenção.

Digamos que você decidiu trabalhar a sua distração.

Você percebeu que sua atenção fica dispersa sempre que há muita coisa acontecendo ou quando sente que as pessoas ao seu redor têm objetivos conflitantes. Talvez você também tenha identificado a distração como a raiz do seu problema com o Hábito 6, Colocar Seu Emprego à Frente de Sua Carreira, pois ficar sobrecarregada com detalhes dificulta o desenvolvimento de planos em longo prazo. Ou você percebeu que se distrair pelo que os outros talvez achem está relacionado ao seu problema com o Hábito 8, A Doença de Querer Agradar. Ou você acredita que, se pudesse se sentir menos distraída, seria capaz de se comunicar mais conscientemente, e assim progredir no Hábito 10. O ponto é: uma vez que a distração pode ter muitas causas e manifestações, muitas vezes é uma boa ideia começar por ela ao lidar com toda uma gama de comportamentos mais complexos.

Depois de tomar sua decisão, você aborda um colega ou um amigo e diz algo simples como: "Estou tentando ficar menos distraída para poder me concentrar em uma coisa por vez. Você tem alguma ideia que eu possa usar? Alguma sugestão já funcionou para você?"

Talvez você ouça algo como: "Sim. Eu acho que reuniões me distraem porque tem muita coisa acontecendo. Então, eu tento escrever exatamente o que eu quero absorver com antecedência e mantenho minha atenção focada naquilo. Por que você não tenta?"

O seu trabalho ao solicitar comentários como esses é simplesmente ouvir o que a pessoa diz. Você não deve dar nenhuma resposta, exceto educadamente dizer *obrigada*. Nenhum comentário, objeção ou acordo. Não diga: "Que ótima ideia, vou tentar isso amanhã." E definitivamente não deve dizer: "Isso nunca funcionaria no meu caso..." Você está apenas solicitando ideias.

Um bom aspecto do feedforward é que você não precisa ser exigente com quem você pergunta. Você não está solicitando que a pessoa observe ou critique você. Você não está recrutando um peer coach ou pedindo para ser responsabilizada por mudar um comportamento. Como você não está se tornando particularmente vulnerável ou fazendo um convite para um exame minucioso, não precisa escolher alguém em quem confia muito ou que sabe que está interessado no seu bem-estar. Afinal, você está apenas procurando sugestões.

Como pedir feedforward não é grande coisa, você pode se sentir à vontade para perguntar a muitas pessoas e obter muitas sugestões. Isso é ótimo, quanto mais, melhor, porque você não tem a obrigação de aceitar nenhuma das sugestões. Enquanto isso, você está informando as pessoas sobre o que você está tentando fazer, como você está tentando mudar para melhor. Isso torna mais provável que elas percebam que você está melhorando. Por isso o feedforward pode servir como um tipo de publicidade positiva.

Uma última vantagem do feedforward é que ele é muito menos complicado do que o feedback. Não parece ser tão pessoal como o feedback. Como observado, a maioria de nós se encolhe de pavor quando alguém diz: "Posso lhe dar um feedback?" Ficamos preparados mentalmente para nos defender de um ataque. Mas você tem que ser bem melindrosa para não conseguir ouvir algumas sugestões sobre como você pode lidar com um desafio no futuro.

Portanto, se o autoperdão for um problema para você, tente usar o feedforward. É um dos muitos exercícios que podem ajudá-la a parar de julgar.

AH, PACIÊNCIA...

Outra técnica poderosa, e ridiculamente simples, é aprender a dizer *ah, paciência*. Exemplo: *Ah, paciência, fiz besteira. Ah, paciência, eu não sou perfeita. Ah, paciência, alguém interpretou errado o que eu quis dizer.*

Ah, paciência sinaliza a autoaceitação, um reconhecimento de que você é apenas humana e que, como humana, às vezes você erra. É o oposto de: *Ai, meu deus, como eu fui fazer isso? Como eu fui dizer isso? O que ela vai pensar? Eu sou tão idiota! Será que eu nunca vou aprender?*

Ah, paciência também sinaliza que você está pronta para seguir em frente. Não se afundar em arrependimento. Você reconhece que errou e volta sua atenção para o que você pode fazer a seguir.

Ah, paciência é um pequeno hábito de Marshall que Sally aderiu enquanto trabalhava com ele neste livro. Não é um exercício que ele faz com clientes ou em workshops. É apenas algo que ele faz todos os dias.

Depois de passar tempo com Marshall, Sally ouviu muito isso. *Ah, paciência, eu perdi aquela ligação que eu deveria estar aqui para atender. Ou, ah, paciência, eu esqueci o nome daquele cara.* Ouvir isso foi extremamente útil porque Sally muitas vezes tem dificuldade em se perdoar pelo tipo de erros humanos normais que qualquer pessoa ocupada inevitavelmente comete.

Além de ser dura consigo mesma, Sally tende a se prender a erros do passado por anos. *E aquela vez que me esqueci de perguntar à minha cliente sobre o casamento da filha dela, sobre o qual ela vinha falando nos últimos quatro anos? E aquela vez que eu dei uma palestra para pessoas que eu achava que trabalhavam em RH, mas elas na verdade trabalhavam em comunicação? E aquela vez quando eu estava desidratada da viagem e fiz aquela palestra ruim em um workshop importante? Como eu consegui fazer tanta besteira? O que há de errado comigo?*

Esse é um hábito fortemente enraizado, por isso Sally nem notou que *ah, paciência* estava tendo uma influência sutil nela até uma manhã, quando se viu no tipo de situação que normalmente teria desencadeado esse comportamento.

Ela recebeu um e-mail antes das 7h da manhã do editor de um artigo que ela havia escrito e que tinha sido postado na noite anterior. Cinco minutos após a publicação, a pessoa sobre a qual tinha sido feita a entrevista enviou um e-mail ao editor para avisar que Sally tinha errado o nome de sua cidade natal.

O primeiro impulso de Sally foi entrar em estado de autorrecriminação: *Eu já escrevo há décadas, como pude errar algo tão básico? Eu vou perder credibilidade com a revista e nunca mais vou receber um trabalho importante. E o cara sobre quem eu escrevi deve pensar que sou uma amadora. Isso é um desastre!*

Mas, depois de cerca de dois minutos pensando assim, as palavras entraram na mente de Sally totalmente formadas: *Ah, paciência! Ah, paciência, eu errei um detalhe. Ah, paciência, acontece. Ah, paciência, a história ainda não foi publicada na edição impressa, então pode ser corrigida.*

Ela entrou em contato com a pessoa, obteve uma resposta rápida e enviou ao editor as informações corretas. Dez minutos depois, a mudança foi feita. Sim, ela cometera um erro. Mas se qualificou como um detalhe, não um desastre.

Ah, paciência!

Pelo resto da semana, Sally fez do *ah, paciência* seu mantra. Ela imprimiu a frase em um banner em fonte 40, o pendurou acima da mesa e compartilhou a história com seu marido, Bart. Ele é um artista e é bastante sensível às pessoas e suas reações, então está propenso a ruminar sobre microssituações que ele acha que deveria ter lidado melhor, ao contrário de muitos homens com quem Sally trabalha, que parecem mais resistentes a serem duros consigo mesmos.

Bart adorou. E na manhã seguinte, quando Sally entrou no escritório que ele tem em casa para pegar o telefone, encontrou um grande lembrete rabiscado no quadro de avisos acima de sua mesa. Em letras gigantescas ele escreveu: AH, PACIÊNCIA!

DEIXE NO RIACHO

Marshall frequentemente ilustra a futilidade de se apegar a julgamentos passados com sua parábola budista favorita. Ela aparece no livro *Reinventando o Seu Próprio Sucesso*, mas também se aplica aqui.

Dois monges passeavam por um riacho a caminho de casa, o mosteiro, quando foram surpreendidos pelo som de uma jovem em um vestido de noiva sentada perto do riacho, chorando baixinho. Lágrimas rolavam por suas bochechas enquanto ela olhava para a água. Ela precisava atravessar para chegar ao seu casamento, mas temia que isso estragasse seu lindo vestido feito à mão.

Nesta doutrina, em especial, os monges eram proibidos de tocar em mulheres. Mas um monge estava cheio de compaixão pela noiva. Ignorando a proibição, ele a colocou sobre seus ombros e a carregou pelo rio, ajudando-a em sua jornada e salvando seu vestido. Ela sorriu e curvou-se com gratidão enquanto o monge nadava de volta para retornar ao seu companheiro.

Mas o segundo monge ficou lívido. "Como você pôde fazer isso?" Ele o repreendeu. "Você sabe que somos proibidos de tocar em uma mulher, muito menos pegar uma no colo e ficar carregando ela de um lado para o outro!"

O monge infrator escutou em silêncio a bronca severa que durou todo o caminho de volta ao mosteiro. Sua mente vagava ao passo que sentia o sol quente e ouvia os pássaros cantando. Uma vez em casa, ele adormeceu por algumas horas, mas foi acordado no meio da noite por seu companheiro de monastério.

"Como você pôde carregar aquela mulher?" Seu amigo perguntou novamente. "Outra pessoa poderia tê-la ajudado. Você é um monge mau!"

"Que mulher?", perguntou o monge sonolento.

"Você nem lembra? Aquela mulher que você carregou no riacho."

"Ah, ela", riu o monge sonolento. "Eu só a carreguei pelo riacho. Você a carregou para o mosteiro."

O ponto de aprendizado aqui é simples. Quando você erra ou percebe que está agindo como humana, o melhor a se fazer é *deixar no riacho*. Não fique carregando isso como aquele monge raivoso que ficou obcecado com o comportamento do outro monge. Basta abandonar esse fardo e seguir em frente.

A LISTA DO QUE NÃO FAZER

Você provavelmente tem uma lista de tarefas diárias cheia de itens, compromissos e projetos — coisas que você deve fazer ou gostaria de fazer. Talvez você faça uma marquinha nos itens finalizados um a um ao longo do dia, o que lhe dá uma sensação de realização e satisfação. Talvez você goste de olhar para as suas listas porque elas oferecem provas em preto e branco de que você não perdeu tempo e demonstram o progresso que está fazendo em suas metas.

As listas de tarefas ajudam você a se manter organizada e eficiente. São ferramentas úteis, mesmo que às vezes você acorde com a sensação de que suas listas de tarefas gerenciam sua vida. Como se você fosse apenas um instrumento cujo propósito principal é atender às demandas que suas listas impõem.

À medida que você progride, suas listas de tarefas geralmente ficam mais longas e cada tarefa tem muita coisa envolvida. Certamente, *abordar o presidente do comitê de finanças sobre o novo plano estratégico* tem um peso maior do que *informar as despesas de almoço com cliente*.

Mas à medida que suas listas se expandem e parecem mais urgentes, você também deve pensar em uma lista de tarefas a não fazer, uma lista de itens que você gostaria de eliminar. Ela pode incluir coisas que você quer parar de fazer e tarefas que você quer eliminar ou delegar. Ao identificar atividades que consomem seu tempo, mantêm você presa ou oferecem uma recompensa mínima, a lista de o que não fazer traz intencionalidade ao que você deve dizer "não".

Em seus workshops para mulheres líderes, Sally define ser intencional como *saber o que abraçar e o que abandonar à medida que você avança para um nível mais alto*. O abraço é a lista de tarefas a se fazer. O abandono é a lista de tarefas a não fazer. Equilibrá-las exige que você dê atenção consciente a como você gerencia as responsabilidades, os relacionamentos e os comportamentos, para poder decidir o que realmente importa e o que não é importante.

Se, em vez disso, você continuar adicionando tarefas à sua lista, começará a se sentir sobrecarregada à medida que progride e assume mais responsabilidade. Se isso acontecer, você pode acabar desgastando seus recursos internos, tornando impossível trabalhar de maneira sustentável, energizante e agradável. E um dia você vai acordar e dizer: "Para que tudo isso?"

Os itens na sua lista de o que não fazer podem ser grandes ou pequenos, mas sua lista será mais eficaz se descrever ações específicas, em vez de atitudes, aspirações ou comportamentos complexos. Isso fará com que ela seja gerenciável e concreta, além de fornecer itens que você pode marcar como finalizados ao longo do dia.

Aqui estão alguns exemplos de mulheres que participaram dos workshops de Sally:

- Vou deixar de atender o telefone no primeiro toque — isso me faz sentir pressionada e não me dá tempo para me preparar.
- Vou deixar de dizer sim ou não imediatamente aos pedidos, para que eu possa ter tempo para pensar a respeito de o que é bom para mim.
- Vou deixar de balançar a cabeça quando alguém estiver falando, porque eu aprendi que isso muitas vezes é interpretado como se eu estivesse concordando.
- Vou deixar de tentar ganhar o respeito da minha colega, porque ela deixou claro que não gosta de mim.
- Vou deixar de ser arrastada para as fofocas que assolam a nossa unidade.
- Vou deixar de responder a perguntas com "*sim, mas*", já que é apenas uma maneira disfarçada de contradizer os outros.

Jeri, uma consultora de comunicação de Denver, Colorado, EUA, descreve o workshop em que ela fez esse exercício como um divisor de águas em sua carreira. Ela diz: "Ao passo que minha empresa se expandia, eu continuava acrescentando coisas para fazer — todos os dias, todas as semanas, todos os anos. Comecei a me sentir pressionada, como se eu fosse algum tipo de vítima, como se a empresa que eu sonhava em gerenciar estivesse me gerenciando. Criar uma lista de tarefas de o que não fazer, e me responsabilizar por eliminar itens, me ajudou a sair desse buraco. Agora, estou constantemente à procura de coisas que *não* posso fazer, seja agendar reuniões extras com a equipe ou fazer lanches para todos no time de beisebol do meu filho. Se eu decidir que algo não é realmente importante e não adicionará benefícios reais ao dia, eu simplesmente digo, *desculpe, mas isso está na minha lista de o que não fazer*.

JULGAR OS OUTROS

Se você tem o hábito de se julgar, também pode ter o hábito de julgar os outros. Afinal, como você está sempre se esforçando para atingir os mais altos padrões possíveis, por que você daria a outras pessoas um desconto?

Então, se você decidiu abandonar o autojulgamento usando as ferramentas descritas acima, você também pode começar a pensar em deixar de julgar os outros também. Sua carga ficará mais leve se você deixar seus julgamentos no riacho, em vez de carregar o comportamento de todos com você.

Isso pode ser contra a cultura de muitas organizações, nas quais as pessoas se interessam pela posição (sutilmente ou não), enumerando com prazer as falhas de seus colegas. É impressionante ver quantas horas são consumidas e quanta produtividade é perdida na recontagem interminável das negligências de colegas de trabalho, e quanta tensão é criada revivendo insignificâncias reais ou imaginárias.

Se essa perda de tempo demasiada aflige você ou sua equipe, você pode se beneficiar simplesmente por recusar-se a participar. Você pode sair do grupinho da fofoca e se recusar a ir até lá. Estar decidida a não se concentrar no que os outros fazem de errado pode ser um grande impulso quando você está tentando iniciar mudanças comportamentais ou eliminar hábitos consolidados que a mantiveram estagnada. Em vez disso, você volta sua atenção para o que é positivo e para o que está dentro do seu controle.

Cuidar do seu próprio comportamento também é útil para evitar uma armadilha comum na qual você pode cair ao tentar mudar: esperar que os outros fiquem impressionados com o quanto você está melhorando. O fato é que isso provavelmente não vai acontecer, pela simples razão de que a maioria das pessoas tem muito para fazer e está focada em si mesma. Então, é improvável que elas deem elogios quando você abandonar um vício, mesmo que seja um hábito que elas achavam irritante. Sua melhor aposta é chamar a atenção para a mudança, talvez usando feedforward ou outra técnica de publicidade, e depois seguir em frente. Mantenha sua atenção no que você pode mudar — que é basicamente você mesma.

Outra armadilha de julgamento que você pode encontrar ao tentar mudar um comportamento é, inconscientemente, esperar que os outros mudem junto com você. Mas, a menos que tenham se comprometido com um importante programa de aprimoramento pessoal, é de se duvidar que, só porque você está melhorando, todos ao seu redor também se tornem mais maravilhosos. Portanto, não pergunte por que sua colega fica tão de boca fechada na reunião e depois se sente mal quando suas contribuições não são notadas. Você pode ser um modelo de alguém que se defende agora, mas há alguns meses você pode ter se comportado exatamente como ela.

O pensamento 8/80 é frequentemente o culpado quando você se encontra julgando os outros, assim como o é quando você é excessivamente crítica consigo mesma. Ou a sua equipe é composta de pessoas fabulosas que adoram você e sempre fazem o trabalho, ou é composta de um bando de pessoas medianas que inevitavelmente a decepcionam. Quando você se ouve expressando tais pontos de vista, ou mesmo apenas pensando neles, você deve lembrar que as expectativas 8/80 podem levá-la a confiar nas pessoas erradas ou a não confiar nas pessoas que você deveria. Por quê? Porque colocar os outros em categorias extremas inevitavelmente obscurece seu poder de análise.

Enquanto você está reexaminando essas atitudes, talvez também deva rejeitar sua crítica de como os seus colegas e chefes são "políticos", em geral, e especialmente os homens. Sim, seu colega bateu palmas quando o patrão apresentou uma nova iniciativa na reunião de qualidade, mesmo que ele estivesse falando sem parar sobre como essa ideia era ruim na semana anterior. Mas, em vez de decidir que o cara é um hipócrita que está jogando o típico jogo da hierarquia, por que não pensa que ele é apenas um trabalhador, que tem uma família para sustentar e que está fazendo o que ele acredita que deve para permanecer empregado? Não é de surpreender que isso inclua lisonjear um chefe que repetidamente deixou claro, até para o mais puxa-saco, que é um idiota.

Julgar os outros frequentemente é expresso assim: "Eu imaginava que alguém que alcançou o nível dele seria mais atencioso." Ou: "Eu não imaginava que um sócio-gerente fosse agir como um idiota."

A questão que você deve se perguntar se ouvir essas palavras saírem de seus lábios é simplesmente: "Por quê?" O que exatamente na história do mundo, ou na história das organizações, apoia a ideia de que líderes poderosos são sempre pessoas de bom coração e iluminadas que rotineiramente tratam os outros com respeito e tomam ótimas decisões?

Sim, os líderes maravilhosos têm um impacto desproporcional, e ficamos satisfeitos quando trabalhamos com essas pessoas. Mas eles são raros. Então, não faz muito sentido esperar que, só porque alguém chegou a uma posição alta, ele ou ela *deveria*... (preencha a lacuna).

O problema com o julgamento é que ele atrapalha o seu caminho, suga o seu tempo e torna a mudança positiva mais difícil. Também demonstra má vontade para seus companheiros, o que inevitavelmente acontece, mesmo quando você acha que está habilmente disfarçando sua avaliação.

O julgamento de si mesma ou de outros não melhora a qualidade de sua vida. Certamente não a fará mais feliz. Mas vai mantê-la estagnada quando você estiver tentando mudar comportamentos para que você possa se tornar a mais maravilhosa das criaturas, o seu melhor eu.

CAPÍTULO 20

Lembre-se do que Trouxe Você até Aqui

Mulheres bem-sucedidas tendem a se autoaperfeiçoar sempre. Você provavelmente também é assim, já que está lendo este livro. Uma das muitas razões pelas quais gostamos de trabalhar com mulheres bem-sucedidas em hábitos e comportamentos que as deixam estagnadas é o fato de elas raramente ficarem na defensiva quanto a sugestões de como poderiam melhorar. Pelo contrário, elas costumam ouvir atentamente e depois trabalham com entusiasmo.

A história de Marshall sobre trabalhar com Frances Hesselbein no Capítulo 1 é um exemplo disso. Frances é uma das líderes que Marshall mais admira no mundo. Seus reconhecimentos, honras mundiais e extraordinária gama de relações estreitas deixam claro que ela é uma mestra quando se trata de relacionamentos e habilidades de liderança.

No entanto, quando Marshall entregou uma avaliação de feedback 360 a Frances, a pedido dela, sua resposta imediata foi concentrar-se no que ela precisava melhorar. Não fez nenhuma palestra sobre quão fabulosa ela era ou quão grandes eram seus resultados, como líderes homens são mais propensos a fazer. Na verdade, Frances estava tão ansiosa para começar a fazer mudanças que Marshall percebeu que seu maior desafio ao fazer coaching com ela seria persuadi-la a ser menos autocrítica.

Você talvez compartilhe dessa paixão pela melhoria como Frances. Nesse caso, é importante ter em mente que todo comportamento limitante também está enraizado em um ponto positivo. Seus pontos positivos trouxeram você até aqui — ou seja, onde você está agora. Eles podem não levar você até lá — isto é, aonde você quer ir. Mas você se beneficiará de manter um respeito saudável pelos dons que você oferece e pelo que alcançou ao lidar com comportamentos que a limitaram no passado.

Por exemplo, é útil reconhecer que:

O Hábito 1, Relutar em Reivindicar Suas Conquistas, está enraizado na modéstia genuína e na disposição generosa de reconhecer as realizações dos outros.

O Hábito 2, Esperar que os Outros Notem e Recompensem Espontaneamente Suas Contribuições, está enraizado na relutância em se mostrar ou comportar-se como uma idiota que só fala de si — junto com a percepção de que, porque *você* percebe o que os outros contribuem, outras pessoas também o fariam (ou deveriam fazer isso).

O Hábito 3, Supervalorizar a Expertise, está enraizado em um respeito saudável por todas as habilidades que seu trabalho requer e pela vontade de trabalhar duro para dominá-las.

O Hábito 4, Construir em Vez de Usufruir de Relacionamentos, está enraizado na convicção de que você deve valorizar os outros por quem eles são, e não por como eles podem ser úteis para você.

O Hábito 5, Não Recrutar Aliados desde o Primeiro Dia, está enraizado na crença de que você não deve pedir ajuda a outras pessoas até que tenha feito sua lição de casa e conheça os parâmetros do seu trabalho.

O Hábito 6, Colocar Seu Emprego à Frente de Sua Carreira, está enraizado no desejo de demonstrar lealdade e comprometimento, bem como na crença de que você deve dar um passo de cada vez e não ficar extremamente envolvida com o futuro.

O Hábito 7, A Armadilha da Perfeição, está enraizado no desejo de não desapontar os outros (incluindo, e talvez especialmente, a sua família), junto com o compromisso de tornar o mundo um lugar melhor.

O Hábito 8, A Doença de Querer Agradar, está enraizado em uma paixão altruísta de fazer outras pessoas felizes.

O Hábito 9, Minimizar, está enraizado na consciência das necessidades de outras pessoas e no desejo de mostrar a elas que você valoriza a presença e os insights delas.

O Hábito 10, Demais, está enraizado na busca de ser autêntica e de se conectar com os outros com base na experiência compartilhada.

O Hábito 11, Ruminar, está enraizado na capacidade de pensar profundamente sobre o que é mais importante para você em vez de só folhear as páginas da vida.

O Hábito 12, Permitir que Seu Radar Distraia Você, está enraizado na capacidade de entender o que os outros estão sentindo e na capacidade de percepção em larga escala que faz de você uma pessoa intuitiva e empática.

Dá para ver um padrão aqui. Certas características emergem: a diligência, a consciência, a preocupação com os sentimentos e contribuições dos outros e a relutância em participar da competição "eu sou o centro de tudo", que caracterizam a vida e a política em muitas organizações.

Essas são coisas boas. São dons que você traz para o mundo. E certamente contribuíram para o seu sucesso. E, como parte do seu sucesso é ajudar a tornar a sua organização e o mundo um lugar melhor, você não deve deixar esses pontos fortes para trás à medida que avança e expande seu escopo.

No entanto atingir o seu potencial com certeza vai tirá-la da sua zona de conforto, e examinar como seus pontos fortes também podem prejudicá-la é um aspecto disso. É por isso que você deve celebrar as habilidades, talentos, atitudes e comportamentos que trouxeram você até onde você está. Mesmo que você identifique e trabalhe para superar comportamentos autolimitantes que não vão levar você aonde você quer ir.

Acreditamos que muito mais mulheres poderiam e deveriam estar em posições de poder e influência. Esperamos que as nossas ideias a ajudem a crescer na área ou na organização que você escolheu, para que você possa fazer ainda mais diferença positiva no mundo.

Índice

A
aconselhamento, 110
agradecer, 71–72, 115
aliados, 109–112
    recrutar, 21–22, 28
    rede inclusiva, 109
ambição, 41–43, 128
apego aos detalhes, 129
apequenar-se, 150–153
apoio, 99–100, 108
arrependimento, 5
assumir riscos, 134
atenção
    das mulheres, 179–181
    fragmentada, 158
atenção plena, 158
autenticidade, 55–56, 168–169, 231

armadilha, 169
autoculpa, 176–177
autojulgamento, 217–225
autoperdão, 216
autossabotagem, 24

C
carisma, 94
carreira, 120–128
    desenvolvimento, 125
coaching, 200
colaboração, 116
coluna
    da direita, 184
    da esquerda, 184–185
competição, 17, 128, 231
comportamentos
    disruptivos, 68

identificar, 30
   limitantes, 5, 230
   problemáticos, 4–5
comprometer-se demais, 22–23
comunicação, 185
conexões, 94, 119–120
confiança, 94
   em excesso, 40
conhecimento especializado, 94
conquistas
   femininas, 89
   reivindicar, 66–68
consciência, 231
contatos, 124
credibilidade
   construir, 116
   criar, 115
crenças, 39–46
   empoderadoras, 40
critérios de desempenho, 15
culturas
   de liderança, 159
   organizacionais, 132

D
declaração de propósito, 197
delegar
   dificuldade, 138
depressão crônica, 173–174
desculpar-se, 151
desculpas, 54–55

desestagnar, 27–30
disciplina, 161
discurso de elevador, 83–85
disposição, 230
distração, 175, 218
diversidade, 67, 109

E
empatia, 157
emprego, 120–128
endosso extrínseco, 90
equilíbrio, 147
equipes disfuncionais, 135
esfera de influência, 100
esforço, 88
estagnação, 18–23, 120, 138
estereótipos, 37–39
estética, 156
exaustão mental, 158
expectativas, 146
   de gênero, 130–132
   nas organizações, 131–132
experiência, 17, 60
expertise, 87–96
   liderar, 88
   supervalorização, 95
exploração mútua, 101–102
expressão emocional, 160–161

F
falar demais, 164–167

feedback
   modelo, 203–209
   não solicitado, 203
   pedir, 115
feedback 360, 7–8, 63
feedforward, 217–219
   fazer, 115
follow-up, 115
força de vontade, 192
frustração, 119–120

G
ganho mútuo, 106
gratidão, 206–207

H
habilidades
   de gerenciamento, 124
   de propaganda, 124
   interpessoais, 97
   sociais, 19–30
hábitos
   consequências, 192–194
   no trabalho, 3–4
   sobreposição, 192–194

I
imigrantes, 132
interesse próprio, 125–128
isolamento, 21–22, 108

J
julgamentos, 53, 225–228

L
lealdade, 94, 99, 120–125
líderes, 18
   bem-sucedidos, 17
   posicionais, 95
linguagem
   corporal, 150
   feminina, 153
listas de tarefas, 223–225

M
machismo, 113
mágoa, 34–35
marca pessoal, 115–117
marketing pessoal, 74–76
maternidade, 82, 145–146
meditação, 158
mentores, 110–112
minimizar, 149–158
   comportamentos, 153–154
   figuras de linguagem, 153–154
   minimizadores verbais, 152
minorias, 132
mudança, 8, 25, 191–192
   comportamental, 25, 192
   intenção, 195–198
mulheres
   ambiciosas, 41–42

na engenharia, 92–93
mutualidade, 109

N
negatividade, 129
neuroplasticidade, 61

P
parcerias, 99–100
patrocínio, 110–112
peer coaching, 210–212, 210–213
percepção, 179–181
perfeição, 10, 129–136
    armadilha, 130
poderes, 94–95
prioridades, 126, 147
proatividade, 87–96

R
recompensas
    extrínsecas, 102
    intrínsecas, 88, 102
rede de conexões, 109–112
relacionamentos, 17, 24, 97–106
    construção, 87
    no trabalho, 99
    princípios básicos, 100–102
    propósito, 101–102
    recompensas, 102
resiliência, 40, 105
resistência, 31–46
    três estágios, 33
ressignificar, 185–187
revelações, 167–169
roteiros autoacusativos, 173–174
ruminação, 172–173
    interrupção, 175
    libertar-se, 175–177

S
sentimento de fraude, 186–187
sexismo, 39
síndrome feminina da impostora, 108
sistema neural, 31–32
submissão, 151–153
sucesso, 15–18

T
talento humano, 94
tomada de decisão, 95

V
vencedor individualista, 18
visibilidade, 87, 108, 119–120
vulnerabilidade, 167, 187

Z
zona de conforto, 199